大川隆法

驅魔師入門

✦最強驅魔法典✦

台灣幸福科學出版有限公司

驅魔師入門　目錄

第二篇

驅魔師概論

Q2 該如何應對謊稱惡魔的靈體？ 98

Q3 對抗惡魔的方法 119

前言

每到夏季時節，與惡靈、惡魔有關，乃至與驅魔相關的電影或戲劇就會如過江之鯽。這除了會讓人心生恐懼而背脊發寒，有如自然冷氣一般，能讓人於夏季獲得短暫的涼爽之外，世間傳統上，本來就有著與祖先供養有關之中元節的習俗，或者掃墓，甚至流傳著各種怪談等等。

談到「驅魔師」，通常首先會聯想到天主教的神父，為了拯救被惡魔附身的人及其家人，於驅魔儀式上與惡魔拚死戰鬥的場景。《新約聖經》裡亦講述了耶穌本人大聲斥喝「撒旦，退下！」的一幕。

另一方面，世間亦流傳著一些類似惡魔誕生的故事。例如，德古拉，他為了神、為了教會，帶領十字軍大力打擊了伊斯蘭教徒的軍隊，其後卻在妻子死後詛咒了神，變成了吸血鬼。

日本神道的陰陽師、佛教裡懂得咒法的密教僧侶亦為驅魔師的一種。本書試著以佛教的角度，來論述現今通常被視為天主教的驅魔儀式。想必這本書將成為嶄新的教科書。

幸福科學集團創立者兼總裁　大川隆法

第一篇

驅魔師入門

1 何謂驅魔師？

本章以「驅魔師入門」為名，首先針對該題旨簡單敘述。

近來，我收錄過幾次靈言。二十幾年前，收錄靈言是理所當然的事，隨著幸福科學的發展，漸漸就很少收錄靈言了。

然而，幸福科學信徒的世代開始出現交替，二十年前還是孩童的人，如今已長大成人，但他們對於有些基本道理似乎不是很懂。因此，我認為有必要再次強調入門的教義。

面對在幸福科學裡學習了十年、二十年的人講述法話時，我難免會習慣講述艱澀的內容。但為了讓接觸本會教義尚不久的人亦能夠理解，我想要講述宗教上幾個重要的道理。

首先，談到本章的主旨「何謂驅魔師」。字面上的意思即是「驅逐惡魔之師」，英文為 Exorcist，而 Exorcism 則是指「驅魔」的意思。

「驅魔師入門」，聽起來或許會讓人感到有些聳動，但我認為這方面的議題，就某種意義上來說，可謂為「宗教的源頭」。

古早時代的生活迥異於現代社會，夜裡非常漆黑，無法透過人為的方法避免各種不幸或災難，所以會讓人們更感覺到受惡靈、惡魔的影響。此外，當時的人們也是容易感受到此類靈性存在的體質。

2 釋迦教團裡的靈性修行

於遺體放置場瞑想修行的理由

現今，佛教常常受到批判，甚至被揶揄為「葬禮佛教」、「觀光佛教」。回頭看當時的釋迦佛教就可發現，當時的佛教並未處理婚喪喜慶之事。不過閱讀佛典就可發現，過去的佛教曾讓人在類似現今墓地的遺體安置處，進行瞑想修行。

雖說是墓地，不過當時的印度並未像日本這樣排列著許多墓石，而僅是將遺體扔到挖好的洞內，簡單地土葬。除了土葬之外，亦有鳥葬，也就是讓遺體曝屍野外，供野鳥動物為食。

這類放置遺體的地方統稱為「屍林」，有一種修行法即是於此處進行瞑想。據佛典所載，這樣的修行並不罕見。

或許幸福科學也可以試試，上述的修行法。

例如，「為了成為幸福科學的講師，得先到青山墓地瞑想三天三夜」，試試膽量，看看當事人是否能平安通過這個關卡。即使遇上被靈附身的狀況，亦能得知當事人有多少驅靈的資質。

若是變成了不同面目回來，就會被判定為「十分可疑，肯定是被不成佛靈給附身了」。

「於遺體放置場進行瞑想」，這對當時的印度人而言，想必也不是一件舒適的事。

這樣的瞑想修行，其中一個意義是要人們覺悟到「諸行無常」。這是一種稱作「白骨觀」或者是「不淨觀」的瞑想法。要讓人們覺悟到「人死了腐爛後即成白骨，肉體即是如此無常且不淨」。

藉由在遺體放置場進行瞑想修行，領悟「肉體乃不淨之物」，以斷絕對肉體的執著。

佛子弟們體驗過靈性現象

除此之外，我認為在遺體放置場瞑想的修行法，另有一項佛典當中未提到的意義。在一處遺體未經火化堆積在一起的地方，或說遺體被扔置在一起的地方，在這樣的場所進行瞑想修行，在靈性上應該不會沒有任何感應。

雖然佛典當中沒有記載，詳情難以得知，但必定會出現某些靈性現象。

特別在初期的釋迦佛教，將視為成為「阿羅漢」的目標之一。達到了阿羅漢的狀態，即會具備神通力。若說是「六大神通力」，就有些誇大，應該說會具備簡單的靈性能力，或者是說「靈性感受」。

因此，達到了阿羅漢的狀態，具備了神通力，在如此狀態下於墓地中瞑想，不可能什麼都感覺不到。

或許「心之窗」尚未打開的人，就僅是莫不在乎地端坐在那邊，但靈性感應度有所提升之人，應該就會有所感覺。即便可能會出現那般情形，但當時佛教仍舊讓人在那樣的地方進行瞑想修行，這就可以推測有一些其他的修行目的，只是並未記載於佛典當中。

於遺體放置場，也就是屍林當中瞑想的人們，應該都會目睹到一些什麼吧！

那並非單純地在腦海當中浮現肉體腐爛之後，變成白骨的樣子，實際在屍林進行禪定期間，想必人們都看到或聽到了靈性的存在。

當時的人有了靈性體驗之後，回去跟自己的老師報告「發生了某某現象」、「自己又是如何對應的」，我推測當時曾有過如此的修行法。

現今的經典，是釋迦涅槃四、五百年之後，後人撰寫而成，對於如此修行，沒有很清楚的描述，所以現代人難以理解。

距今四、五百年前的事，也就是相當於西元一千五百多年的事，對應日本的歷史，約莫是自戰國時期，經歷安土桃山時代，進入江戶時期的事。「那時候的教義口耳相傳至今，近代才記錄成經典」，所以很難想像其內容會如實呈現。

特別是，現今的佛典遺漏了許多靈性的部分。在口耳相傳的過程中，由於人們對靈性部分的理解不足，進而遺漏了這方面的教義。

在基督教當中，教會本身也有著否定靈性現象的傾向。基督教初期，想必發生過各式各樣的奇蹟吧。

然而，當連續好幾代的人都不曾經歷靈性體驗時，就會開始否定靈性現象，並且不傳授靈性的部分。換言之，就是把不合時宜的部分給刪除掉。

因此，觀察釋迦佛教讓修行者到墓地進行瞑想修行，可推測其目的是要「測試此人是否已經到達了阿羅漢境界」。

驅魔乃是通往專業宗教家之路

此外，遺體被丟棄在墓地的那些人的魂，想要都能順利地回到天上界，相信並不容易。

更有甚者，這些被村莊的人丟棄在村外遺體放置場的人，大多不是不曾受供養，或是罪人，要不就是貧窮沒有後代的人，

現今的印度尚有類似的情況，具有身分地位的人會舉行隆重的喪禮，沒有後代抑或是遭逢意外身亡的人，就會被放置在村莊外的遺體放置場。

而釋迦教團的修行者們，則在此地進行某種「實驗」。

現在多數日本寺院內的腹地都有許多的墳墓，同時亦蓋著有僧侶的住家，每天都守著這些墳墓。這著實恐怖，我想他們可能每天都在「試膽量」。

由此來看，就稍微能夠理解，為何佛教大學會想要教授唯物論。倘若沒有死後的世界，就能夠安心生活。反之，認為有死後的世界，一想到寺院裡如此大量的墳墓，就難以安心地住下去。

那可真是會讓人想到，宛如麥可．傑克森《顫慄》這首音樂錄影帶當中的世界。半夜屍體從墳墓裡跑出來，跳舞或到處亂跑，那可真是難以應付。如果自己又沒有法力，著實難以對抗。

曾有一部名為《靈幻道士》的電影，基本上屬於喜劇，描述道教中殭屍復活的劇情。內容大致為「被埋葬的屍體又復活起來，到處跳來跳去，飛來飛去，襲擊人們，於是道教的道士試圖消滅他們」。

道士絕大部分都是運用符咒對抗，把咒語寫在黃紙上，想辦法貼在殭屍的額頭上。同時教導徒弟道術，一同對抗殭屍。

看了這部電影，可以想見一般人大多對於死者還是會感到害怕。如果死者復活，甚或變成幽靈現身，對一般人來說，可是會驚悚萬分。

一般人害怕死者復活之後，會到處作祟抑或是復仇，進而請專業的修行者或宗教家介入，想辦法阻止惡事擴大，並且驅逐幽靈，讓幽靈回到靈界去。

世界各地的宗教，幾乎都會供養死者。這並非僅止於「祈求過世的家人或親戚，能順利回到天國」的平和心境，更包含了「阻止亡者之靈帶給世間親人災難」之意圖。

為此，還有一種可謂為賄賂的方法，就是墳墓裡的各式陪葬品。

在埃及的文化當中，習慣在墳墓裡放入許多昂貴的物品，陪著亡者一起入土。這其實是在傳達「已經給你這麼多了，不要再跑出來了喔！我們已經抱持著感謝之心、報恩之心供養了，不要再出來了喔！」

此外，從日本繩文時代的遺跡亦可發現，當時的人把遺體折成像胎兒一樣的姿勢，放入甕裡掩埋，或遺體抱著大石頭入土。

此等舉動跟埃及的作法有著類似意義，就是要表達「請不要活回來」。如果不讓遺體抱著大石頭，萬一半夜又爬出來，那就太恐怖了。

從這等心境來看，驅魔師的工作亦是一種讓宗教家能夠更為專業的一條路。

現今寺院的住持或教會的牧師、神父，少部分仍會進行驅魔的工作。我認為由於近代越來越少執行驅魔方面的工作，而導致現今的神職人員，不被人們敬重為專業的宗教家。現實當中，若能真正替一般人驅魔，勢必能匯聚人們的尊敬並受仰賴看重。

不成佛靈的靈障源自「人」與「場所」

現實當中，有些家庭會接二連三地發生不幸。譬如，發生交通意外的家庭，其後也會連續發生事故或是出現患病之人。

又或者，整個家族當中「多人罹患相同疾病身故」的狀況，這在醫學上可能會被稱之為遺傳。然而若從宗教角度來說，被不成佛靈附身，便會出現與亡者相同之死法。

舉例來說，一個人自殺之後，家族當中可能又會出現另一個自殺死者。

最近（二〇一〇年）有一個北海道選出的議員身亡，沒有公開病名，故不甚清楚身亡原因。這位議員的父親亦是一名政治家，曾擔任國家重要的大臣，甚至曾是首相候選人才之一，但他卻在飯店上吊自殺身亡。而他的兒子亦屬政府要員，突然身亡，同樣也被懷疑是自殺身故。

從世間人們的角度來看，或許會有人感覺到「那背後該不會是有不成佛靈作祟，讓兒子走上相同的路」。

在現實當中，這種狀況到處都可以看到。

透過人傳人的方式，不成佛靈會到處作祟。不僅是「人」會發生問題，「場所」本身亦可能會出問題。

舉例來說，現今幸福科學總合本部的附近，過去曾是一個建有寺廟的城鎮，也有著非常多的墓地。目前已將這些墳墓集中移至他處，原本墓地的上方現在是大型大廈。我想集中移走的那些墳墓，如今也處於一個「集合住宅」的狀態。

大廈裡住著原本在附近的居民，同時亦入住了許多完全不知情的人。外地來的人，不知道那裡原本是墓地，見大廈蓋得很豪華，就搬進去了。假使明白底下有些什麼，或許會感到有些害怕，但有很多人是不知情的。

有些靈魂會徘徊於特定的「場所」，故稱之為「地縛靈」。

釋迦佛教持續教導「不可執著」的用意

我認為火葬習慣的普及，是一件好事。

第二次世界大戰之前，日本以土葬居多。

如今人口不斷增加，此外考慮到衛生上的問題，原則上均以火葬為優先。如果採用土葬，肉體的形狀還是會殘留下來，亡者有可能會對肉體產生執著。

埃及將遺體製做成木乃伊的習俗，雖源自「復活思想」，深入思索為何「將肉體製成乾燥物留存」，便能窺見兩者之間的關聯，存在著一個難以用理論加以解釋的狀況。

若是保存肉體的形狀，難免使亡者產生執著之心。「仍於世間殘留著某種執著」，這容易成為亡者返回世間的契機。

觀察釋迦佛教的教義就會發現，釋迦拚命地教導世人「不要執著世俗之物」。「不可執著，不可對妻子、小孩、家人執著，不可對財產執著」，釋迦不斷告誡世人對各種事物「不可執著」。

同時，釋迦亦致力於教導人們，如何與「愛別離苦、怨憎會苦」的世界保持適當的距離。

換言之，釋迦為了讓人們死後不要變成「幽靈」，講述了為數眾多斷絕執著的教義。

人們生前聽多了這種教義，聽進心裡之後，自然會開始認為對世間執著不是好事。「以前好像有聽過『死時不可對世間抱持執著』的說法」，進而會主動想離開世間。

是故，不成佛靈的出現，背後勢必有其理由。

3 惡魔的本質為何？

積極肯定惡、為他人不幸感到愉悅之人

在現今信仰心淡薄的時代中，「如何讓不成佛靈回到靈界？如何對抗那些以增加不成佛靈數量為樂的惡魔、魔王，以期不讓他們繼續作惡」，這對宗教家來說是很重要的任務。

在這世間當中，有些人只要一段時間稍不注意，就會開始作惡。縱然警察隨時戒備著，然而靈界當中的警察，也就是天使、菩薩等，在他們看不見的地方，那些惡靈或者是更「進化」的魔

王、大魔王，便將於暗地裡作惡。

諸位必須思索，該如何和這些人對抗。

這些比惡靈更強化的惡魔、魔王，他們的本質在於「對『惡』有著積極肯定的態度」。在思想上他們肯定「惡」，並且喜歡看到他人不幸，他們總抱持著這樣的心境。

被惡魔或魔王附身時會變成怎樣？

當一個人被惡魔或魔王附身時，常會從此人的口頭禪出現徵兆。此人意識尚屬清楚時，經常會講出「我想死、我想死」這樣的話。另一方面，當此人的意識不是那麼清楚的時候，就會天天聽到「去死吧！去死吧」、「我要殺了你」，這些聲音持續迴盪在腦海裡，大部分就是上述兩種狀況。

當被惡魔或魔王鎖定時，每天就會不斷聽到「去死吧！去死吧！」的聲音，有如一種「自殺的推銷」。

一回神，不是發現自己站在斷崖峭壁邊，要不就是發現自己正在準備上吊用的繩子，或是發現自己持刀準備傷害自己。

現在十幾歲的年輕人當中，不少人有過割腕自殺未遂的經驗，這些人有可能都是被一些小惡魔附身。

以往的時代，十幾歲的人都還很單純，但現在的孩子都很早熟，從小學高年級開始，就有人抱持的想法，會吸引小惡魔前來附身。

惡魔總是對人懷著憎恨、咒怨之心，經常說著「我要殺了你」。

從旁人來看，任誰都會覺得那是不正常的言行，但如果長時間被這類惡靈纏住，言行舉止就會多有異常。若是被判定為疾病，就會被送到精神科，進而被要求住院。

醫院習慣「施以藥物讓病人情緒穩定下來，能順利入睡、精神安定」。然而，這些人所聽到、看到的靈性現象通常都是真實發生的。他們已和憑依靈成為一體，所以能聽得到或看得到。

不過，單純從常識來判斷，一個老是說「去死吧！去死吧！」，或者「我要殺死你」的靈，絕對不會來自於天上界，這點諸位應該都能明白。

惡魔可能自稱是此人的父親、母親或是祖父、祖母或是此人的老師，但如果是已歸返天國的人，是不會講出這類話語的。

幸福科學講述「與惡魔徹底相反的心態」

一般的不成佛靈會希望自己能夠得救，但已經清楚知道自己「短期內很難逃出地獄」的人，就會開始嘗試增加自己的同伴。

舉考試為例，當得知自己無法合格後，難免心想「如果有更多人不合格，那自己會比較釋懷一點」。知道有很多人也不合格的時候，一般人都會暗自慶幸。每個人或多或少會有這樣的心情。

但幸福科學總是講述與此正好相反的想法。「人要持有著光明、積極、具建設性的心境。人要抱持愛心、利他之心。要對他人親切，要原諒他人」以上所說的，全都和地獄靈以及惡魔的心境正好相反。

抱持著如此心態，和來自地獄的人們就會像水和油一般，無法混合在一起。為了讓「波長同通的法則」無法運作，我才會教導各位正好相反的心念，並且建議各位要依此心念採取行動。有了這些教義的保護，如此一來就不會和那些來自地獄的人們相通。

諸位務必隨時審視「自己的心中是否隱藏著灰暗、悲觀的想法」。從客觀來說，世間確實不乏許多「難免讓人抱持灰暗想法」的狀況。即便如此，其中一半仍取決於自己如何看待。

4 該如何對抗景氣低落期的灰暗心念？

景氣低落之時正是新企業家崛起之時

進入不景氣時代，多數公司紛紛面臨倒閉。一家接一家的知名公司崩盤歇業，這種情形，光靠一個人的力量是難以挽回頹勢的。

為此，或許有人會說「幸福科學教導人們能夠『百分之百支配己心』，那根本是謊言。我的公司還不是倒閉了！這該怎麼解釋？誰能料到這麼大間的公司也會倒閉？」

實際上，有許多擁有幾千名、幾萬名員工的公司說倒就倒。其中雖不乏高層的決策失誤，然而起因於大環境，發生世界性的景氣低落之時，即使把問題丟給政府，政府也是束手無策。

在如此情況下，很容易就會出現責怪或憎恨他人之心。的確，光靠一個人的力量很難改變整個環境。然而，人仍能自己決定「如何面對現實，往後欲以何種想法、何種方式行動」。

除此之外，不景氣的時代亦是新的企業家出現的時代，更是新產業出現的時代。在下一個世代成為大規模企業的公司，總是在景氣低落之時出現。成功撐過不景氣時期，體質變強的公司，在接下來的時代，勢必逐漸擴張。

反過來說，縱然是規模龐大的公司，仍有可能在景氣低落時倒閉。雖然讓人感到非常遺憾，並感嘆諸行無常，然而讓這幾家大公司永遠存續，未必是件好事。從整體來看，「讓新的產業出頭，進而產生新陳代謝作用」，可謂為整體的潮流，從某個角度來說，那也是沒有辦法的事。

幸福實現黨於去年夏天主張廢除消費稅的真實意旨

先不以大公司為例子，各位走在街上必能發現，有許多的店面、商家是一家換過一家，不時可見該處掛著出租的公告。

近期亦從報紙得知，某間百貨公司的分館，因為營業額降至高峰時的六成以下而被迫休業。這確實是很不幸，亦有說不盡的遺憾。營業額掉了四成，已非單純刪減人力就能解決的情形。在不能坐看損失持續攀升的情況下，於是就會得到「收店才是上策」的結論。

若是去年（二〇〇九年）的眾議院選舉，幸福實現黨取得了政權，並依照政黨公約所示，取消所有消費稅的話，這些零售業或許還有喘息的可能。事到如今，已屆無力挽回的地步。

當時我已看到未來走向，進而提出「必須要讓消費活絡起來」的意見，但如今為時已晚。

今後歷史悠久的大企業將陸續倒閉，大量失業者隨之出現。待國家對這些失業者支付龐大的失業補助金，國家的財政赤字亦將快速膨脹，最後國家也跟著破產。

現今的事態正依著如此順序演變著。

宏觀來看，國家整體的大方向，理應由某個團體或者組織思索對策並與之抗衡，但就個人的層面來說，世間的浮沉是常有之事。

譬如，你無法讓大海都不起波浪，也無法阻止下雨、颱風，你只能思索如何在這種環境中生存下來。

微觀來看，在如此不景氣當中，如何經營自己，度過這段危機，進而過著天國般的人生，這都是諸位必須要思考的事。

景氣低落期亦為成長的機會

在如此不景氣的狀態下，做為驅魔師必須要擊退惡靈，但被惡靈、惡魔襲擊的人，其心念當中一定存在著吸引他們的特質，此為不可迴避的事實。

而那般「特質」，正如前述，即是一種灰暗的想法。如此灰暗想法的起源，未必全數來自於自己的過錯。有時是公司決策高層的責任，有時是國家的責任，其中不乏各種可能性。

舉例來說，當國家決定「刪減一定比率的公務員」時，就會有特定的失業人數出現。類似前一個例子裡的大型百貨公司，當業主決定「收店」，員工便無法繼續工作。無論如何高喊「我負責的賣場是有利潤的」，仍無法阻止收店的決定。

但在遇到這類事情的時候，重要的仍是「想法」。「在遇到不景氣、破產危機時，人們應如何應對？在何處才能繼續生存發展下去？往後的自己需要何種能力或態度？」要把不景氣轉換為促使自己成長的機會，這一點至關重要。

對此，每個人均有自己的責任。

再舉一個例子，一九二九年，美國發生了經濟大恐慌，但當時亦有很多人賺了很多錢。

在大恐慌開始以前，股價變得非常的高。有一次，當時尚未成為美國總統的甘迺迪的父親，讓擦鞋童替他擦鞋子。期間，這個擦鞋的少年跟他說：「現在買股票會賺錢喔！現在不買的話就吃虧囉！」

聽聞此語，甘迺迪的父親認為「連擦鞋童都說要去買股票，股市已經完蛋了，股價不會再上漲了」。於是把股票全都賣了，躲過了之後的股票暴跌，得到了莫大的財富。據信甘迺迪家的資產就是這樣得來的。

「連擦鞋童都說買股票會賺錢，從這可判斷股市高點已經過了」，甘迺迪的父親確實賢明過人。

無論在哪個時代，都有人能敏銳地察覺危機並從中安然渡過。

此外，在不景氣的時候，所有產業都會縮小規模，抑制消費，消費金額越壓越少。然而，選在不景氣時投資的企業，反而更有擴張的機會。

不景氣的時候，物品的價格都會滑落。「抓準時機大筆投資，待景氣復甦時，自家的企業即能順勢擴張」，能夠這樣做的企業，其實才是最強的。

因此，與世間潮流採取相同策略未必是件好事。不景氣的時候，更有許多學習的機會。

向二宮尊德學習，為創意下工夫

馬克思主義的思想讓我非常詬病，因為從其思想當中，總是可見把錯歸咎在他人身上的想法。馬克思主義有「將貧窮或生活困苦的原因推給他人」的傾向。

當然國家營運不善，亦有可能讓人民貧窮，但其中每個人的情況亦是各有差別。

請諸位想想二宮尊德的例子。

二宮尊德少年時期寄宿在伯父家，某晚，他用菜籽油點燈讀書，受到伯父的責罵。

若在現代「晚上用功讀書」，理應會得到一句「真乖，非常努力！」的讚許。

若是被大人說「為了節省電費，晚上六點就要熄燈就寢，等隔天太陽昇起後再讀書」，雖有節約效果，難免讓人覺得有些小氣。

然而，二宮尊德在被責備「太浪費菜籽油」之後，自己開墾空地，種植菜籽，再用收成的菜籽交換菜籽油，好讓自己能繼續讀書。二宮尊德彷彿是一位「資本主義精神」的代言人，世上確實有不少像他這樣的人。

因此，把責任推給他人未必是正確的。以上述的故事來說，主張「不准在夜裡讀書」的伯父，或許可看成進行妨礙的惡魔，但遇到這樣的狀況，善用創意、努力，還是能夠克服的。

從這層意義上來說，「直到公司破產才驚覺不妙的人，是沒有什麼遠見的」。

世間黑暗之時，正是更要抱持「光明之心」

惡靈產生的理由，起因於將失敗怪罪給他人之心。除此之外，亦包括憎恨他人之心、詛咒他人之心、希望他人不幸之心。「說他人壞話、怨恨、基於被害妄想講得口沫橫飛、總是羨慕他人、偏頗、嫉妒並陷害他人」有這類特質的人，要想跟此人長久持續友誼並不容易。

這類人不僅很難相處，通常也會希望和他們分處於不同地方。而這個「希望分處於不同地方」的心情，正是天國與地獄分開的理由。

然而，若是具有地獄傾向思想的人，在世間的比例變高，有地獄傾向的多數就變成了理所當然，持天國想法的人成了少數，現實當中就會遭受迫害。

關於這部分，世間的理論和靈界的理論，有著未必一致的狀況。

今年（二〇一〇年）二月，本會在日本開播了新的廣播節目《拿出元氣來！日本》，第一集請來評論家日下公人先生擔任來賓。

日下公人先生在該集節目當中，提出了一些頗為另類的意見：「人們都在說『世間很黑暗』，為了不讓己心也變得灰暗，就不要看報紙。報紙大抵盡是負面新聞，看多了心情就會跟著變差。不看報紙，精神自會越來越好。實際上這些高收入的媒體人士，為了降低自己的罪惡感，都在假裝同情窮人，那種東西沒有閱讀的必要。」

就像這樣，天國的想法和地獄的想法難以相容，有如油與水之間的關係。不過每個人皆具有佛性，在某種意義上，人天生就明白「何謂天國傾向的想法」。

總之，在那般不景氣等各種痛苦狀況當中，想要嶄露頭角、受眾人認同、逐步邁向成功，就務必要努力興起「相反的心」，鼓起勇氣。「當他人陷入灰暗心境時，自己就要抱持光明之心，點亮光明。當他人意氣消沉之時，就要對他人施予鼓勵的話語」，這是非常重要的。

此外，當心生「這樣肯定失敗」的念頭時，請再多撐一會兒，想想「有無可下工夫之處」，或是藉由逆轉想法，思索「一般認定為負面的狀態裡，是否潛藏了正面之芽」，這點至關重要。

常言道「苦是樂的種子，樂是苦的種子」，事實真是如此。即便覺得「現在非常痛苦」，但之後常能發現那其實是「喜樂的種子」。反過來說，「我現在非常快樂」的心境，之後常變成「痛苦的種子」的也有很多。

那些例子在過去歷史中為數眾多，諸位不可不知。

5 驅魔師的真相

若是覺悟提升，即會展現說服靈界靈魂的力量

觀看到各式各樣的靈性現象，我經常感覺到的是「那是人類的樣子嗎？」

特別是那些不相信有死後世界的人，要想說服他們，更是難上加難。

這些人仍在世時，無論怎麼說都不肯聽。世間有太多人認為「另一個世界不存在，靈魂也不存在，那些都是非科學」、「靈魂

不過是腦與神經的作用」、「靈魂指的就是基因」。

這些人不僅在世間時很難被說服，回到靈界之後更是麻煩。像這類病入膏肓型的人，沒那麼容易拯救。

然而，沒有積極否定死後生命，做為普通人度過一生的人，偶爾因為稍微錯誤的心念，致使弄錯心的方向，導致發生人生中的「事故」，這樣的人其實是有救的。首先從能夠獲救的人開始救起，這一點是很重要的。

宗教家亦是以成為驅魔師為目標，隨著自身覺悟的提升，即會逐漸具備「六大神通力」。有了某種程度的覺醒後，就會逐漸具備「法力」。

當具備了法力後，縱然是世間之人，在某種程度上，即能展現說服靈界當中之人的力量，話語當中開始會宿有光明。

因此，知道生與死的秘密，了解人生的真相是很重要的。「為何會下地獄？為何能上天國？」明白兩者之間的差異及其規則至關重要。

知識方面，可以透過幸福科學的佛法真理書籍習得，這也是覺悟的一種，然而最終必須得加以運用才行。

不可積極地和惡魔有所交涉

一般的不成佛靈，是有可能加以說服的。一個小時左右的時間或許還不太充足，但只要試著說服，對方就會一點一點理解了。

然而，若對方是惡魔之輩，要加以說服就很困難了。

惡魔在地獄待了一、兩千年，或者是更長的時間，擾亂歷史上的各種宗教，亦熟稔各家宗教理論。

他們會佯裝已經被說服，表現出恭順的樣子，甚或淚流滿面地說「請收我當弟子」。惡魔會演出這類的劇碼，若是各位有了慢心，沒有看穿那謊言，很容易就會被騙倒。

他們會突然變了一個態度，在那種時刻，看起來像是被說服了，但實際上他們根本就沒有改邪歸正，而是在尋找下一個攻擊的機會。

要說服惡魔那一類的存在，真的是非常困難，建議諸位勿積極地與惡魔有所交涉，最好是不要有任何瓜葛。

惡魔就像流氓、暴力組織一樣。如果有人想要「潛入某某組織的大本營，教訓這些流氓」，我想一般人都會勸他「你還是放棄吧」。即便可能有人會說「我會空手道、柔道、劍道，加起來有十段呢！沒問題的」，最終仍可能是直著進去，橫著出來，那不是覺得沒有問題，就可以進行的地方。潛入「敵境」，終究有高度危險。

一個一個去拯救有覺悟機緣的人，相較起來是比較容易。但要潛入「敵境」，試圖一口氣全部說服，絕非易事。

加入了邪教，就會創造出一道「通路」

現今，既有唯物論的敵境，那裡正是惡靈、惡魔的集中地，在各個宗教當中，亦不乏大有問題的團體。

譬如，有些教團會吹噓「自己的教團有幾千名靈能者，還有好幾百位如來」，有很多人因此受騙，奉獻大把金錢。

然而，現實當中是不可能出現幾千個靈能者、幾百個如來的。

讀過我的著作《太陽之法》或《黃金之法》即可明白，所謂的如來一定是留下偉業之人，並且鮮少轉生於世間當中。即便是菩薩，除非在世間留下了一定的成績，否則也不是那麼簡單就能成為菩薩。

因此，對於那些主張能快速成為如來或菩薩的教團，終究是很奇怪的。

此外，聲稱透過某種工具（道具）就能夠簡單地成為如來、菩薩的團體，也務必要加以質疑。主張「使用某種道具，就可以展現光明天使或菩薩威力」的宗教，必須正視其危險性。

有很多人到了那些團體，付出了高額金錢，從我至今所見的經驗來看，沉浸在那類教團的人，和惡靈或惡魔之間的「通路」已經完美地確立，要將那條道路封閉起來是極為困難的。

若是以去年（二〇〇九年）秋天上映的電影「佛陀再誕」為例，那些邪惡團體，就相當於電影當中名為「操念會」的團體。那些邪教團體已成惡靈的巢穴，難以將其瓦解。

當聚集了相當的人數，在該教團當中建立了「生產惡靈的工廠」時，要與其對抗就不是那麼簡單了。為此，就必須藉由講述「法」，將光明廣布於眾人，打造「組織」加以保護，以個人的力量來對抗，有其困難之處。

惡魔會說出邏輯詭異的話

幸福科學講述著「皈依佛、法、僧三寶」的教義，並且教導人們擊退惡靈時，應避免單獨一個人面對。「藉由和佛以及佛所講述的法、佛所創立的僧團成為一體，對抗惡靈與惡魔」，這是非常重要的。

不以上述型態而戰，而以個人作戰的話，常常會被擊敗。

舉例來說，退出幸福科學的會員當中，有些人是靈性體質，時常聲稱「靈降在自己身上」。然而，其中不乏明顯是被惡魔附身的狀況。

那些人所講的話，常常會出現邏輯詭異的內容，很容易就能發現破綻。有時候他們會讚頌惡魔，諸如「被認為是墮落天使的盧西弗，其實是個好的天使」等等。

如此說法，就意味著惡魔已經進入了此人心中。正是因為惡魔的附身，才會說出那般話語「盧西弗原本也是天使，他其實是很偉大的啊」。

歷史人物當中，既存在著真正偉大之人，亦有死於非命而化為怨靈之人。縱然同為受暗殺而死之人，也有成為天使之人，和化為怨靈之人。這兩者確實不是那麼容易分別。

但基本上，如果無法控制己心，總是散發出地獄波動的話，就難以引導他人。

想要拯救他人，並非是一件簡單的事。

特別是對於靈性現象較為陌生，初次看到靈性現象之人，即便那是邪教團體的靈性現象，但親身體驗之後往往就會加以相信。

藉由迷幻藥體驗靈性現象極度危險

此外，有人會透過迷幻藥，引發某種意識異常，藉此體驗近似靈性現象或是幽體脫離現象。

實際上有時候真的可以看到靈界，但我推測，那是連結此人肉體和靈魂的「靈子線」變得麻痺，而讓靈魂產生游離的現象。如果看到的是天國景象還另當別論，但有更多人見到的是地獄世界。

迷幻藥有著促進幽體脫離的效果，印度的瑜珈修行者有時候也會使用。看上去他們好像在抽菸，不過其實是在吸食迷幻藥，他們想要藉此得到靈性體驗。

古代靈媒有時亦會吸食迷幻藥，雖然難以一概否定，但危險性很高。

無論如何，諸位務必掌握到天上界之「光的感覺」。掌握到這光的感覺之後，再將其和煦地投射到對方身上，這非常重要。

有人將炎熱地獄之火誤認為天國之光

先前提過的靈能力教團，有時接受他們的「醫治」，身體會感覺漸漸發熱。

然而，那種熱並非是溫暖的熱，而是一種刺痛的灼熱感。對此我曾經有過實際體驗，有人將此誤認為是來自於天國之光。

一般來說，光明照不到地獄，所以地獄大多為寒冷而黑暗的「寒冷地獄」，但其中亦有「炎熱地獄」、「焦熱地獄」等，具有熱度的地方。

那或許是熱能滯留的原理，就像冰箱一樣，裡面是冰涼的，熱氣都發散其外。地獄當中也有些地方極度寒涼，而有些地方則累積了熱能。這方面很難以科學來解釋，但現實當中，地獄有著寒冷地獄和炎熱地獄。

寒冷地獄或許比較容易被人分辨出來，實際上，當地獄靈靠近時，會讓人感覺到寒氣，或者感覺到房間的溫度降低，那感受十分明顯。

然而，有人會把來自炎熱地獄的地獄靈，誤以為是天國靈，這得特別留意。若是感覺到逼人且猛烈的熱度，那即是憎恨之火、憤怒之火。

常常聽到「憎恨之火」的說法，但事實上就是如此。炎熱地獄的熱度正來自憤怒與憎恨。

欲識破地獄之火，必須抱持「沉穩之心」。諸位務必要創造如鏡面般沉穩不動之心境，否則的話有時就無法區別天國靈與地獄靈。

6 皈依三寶，和「佛、法、僧」合為一體對抗

幸福科學的三皈依信徒，基本上透過學習佛法真理，讀誦《佛說・正心法語》、《祈願文①》當中「擊退惡靈的祈禱」，便可以進行驅魔的活動。

然而，法力的強弱與此人的覺悟程度成正比，請諸位要認識到，那與平日佛法真理的學習和精進是有關聯性的。

即便是在家的信徒，平日努力學習、精進之人，光是讀誦《佛說・正心法語》，就可以將簡單的惡靈驅離。講述真理的話語，僅是播放《正心法語》的CD，即有驅逐惡靈的效果。

不過地獄靈、不成佛靈的背後通常都有魔王、惡魔撐腰。俗世的流氓也是一樣。以為眼前的是小流氓，其實後面都有著大哥。同理，惡靈的背後也常埋伏著惡魔或魔王，太過輕忽的話，就會引出自己無法對抗的對手，務必特別留意。

在某種程度上，單獨個人也不是無法驅散惡靈，但盡可能地請到幸福科學的支部或精舍來進行會比較安全。

屆時惡魔所要面對的是「佛、法、僧」，對方若非正規軍，便難以與我等相抗衡。自身若是與整個教團連結在一起，惡魔是無法單獨對抗而獲勝的。

藉由「皈依三寶」、藉由「三皈依誓願」，和佛、法、僧連結在一起」，將會形成保護自己以及驅散附身於他人之惡靈或惡魔的力量。「與佛、法、僧合為一體對抗」，能夠發揮更強大的力量。

在這層意義上，成為三皈依信徒，驅魔能力將會提升一個階段。此外，本會的出家修行者，其力量亦將根據修行程度而有所變化。

修行者墮落的原因，皆出自於「貪、瞋、癡」的「心之三毒」，或者是再加上「慢（慢心）、疑（懷疑）、惡見（錯誤的看法）」的「六大煩惱」。一般來說，都是栽在這六者之一。正是因為這些煩惱，而招惹上了惡魔，不只是當事人，身邊的夥伴也會被「流彈」打中，所以請務必小心。

特別是宗教家，很容易因為「慢心」而招惹上惡魔。在修行的過程中，很容易出現慢心。

具有靈性體質的人，也會一個不小心就產生慢心。一旦出現慢心，就會開始分辨不清「若是敵方變強大，自己就無法對付」的事實。原先面對比較弱小的對象，覺得自己可以成功驅逐。漸漸地，自然會遇上越來越難纏的對手。最後對抗失敗，自己陷入泥淖之中。

因此，進行驅魔時，基本上藉由皈依三寶，並且以組織戰加以對抗為宜。

第二篇

驅魔師概論

梅雨季節結束，連日豔陽高照（收錄法話當時）。為了節約能源，加強「自然冷氣」之效，我想我們應該在這盛夏之際，提出能夠降低室溫兩、三度的企劃。於此時節，世間亦很流行這類話題，本會也想多少提供一些「助力」。

日本的夏天，在各個媒體中總能看到許多與幽靈相關，或是以跟幽靈對決為主題的內容報導。我也多次談論過類似的內容，偶爾做個統整歸納也是不錯。

驅魔師的英文為Exorcist，以基督教來說，經過梵諦岡官方認可的驅魔師，據說有三百五十人左右。

電影「大法師」讓驅魔師的角色廣為世間所知，不過即使是驅魔師，遇上比自己強悍的惡魔，依然有可能落敗並且遭受惡魔控制，實際上是很不容易的。因此，若是想要以客觀角度將驅魔一事公式化，並以一種技術論來向人們講述，想必不是那麼簡單。若問「羅馬教皇是否具備驅魔師的能力」，我想實際上是沒有的。教皇具備政治力量，但應該沒有驅魔能力，而且教皇也不是任何人都能面會商量的對象。

本會的職員們在支部或精舍（幸福科學的研修設施）平日的活動中，想必也常接受人們有關惡靈甚至惡魔※附身的諮詢，並且也常接受驅魔委託。然而，我想也曾遇過「力量不足」或是「無法詳盡回答」的狀況。各位一定曾有過各式各樣的經驗，或者是在工作上無法給出正確的回答而感到困擾。

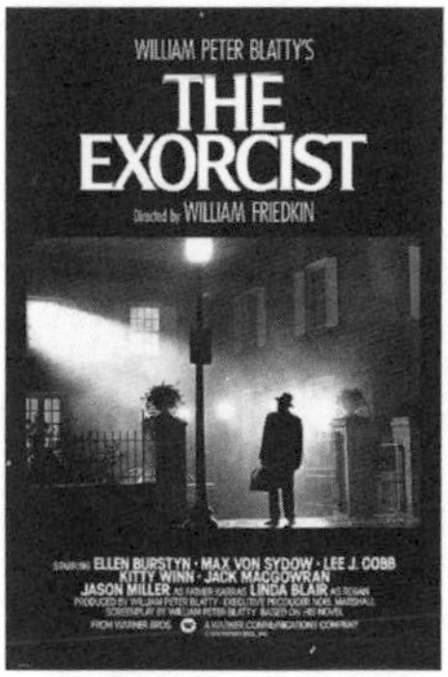

「大法師」美國恐怖電影（西元1973年上映）。描述一名神父與附身在少女身上之惡魔的壯烈抵抗。

※ 惡靈甚至惡魔　未返回天國的不成佛靈或地獄靈總稱為「惡靈」。其中抱持著強烈怨念、報復心較強的靈也稱之為「惡靈」；性質更加凶惡，積極陷害他人、給人帶來不幸的靈則稱之為「惡魔」。

因此，此次並非是我單向的講述法話，期望藉由具體的回答提問，建構具整體性的「驅魔師概論」。

無論工作上或個人體驗上，若有想提出的疑問，我可以一一解答。

Q1 如何提升擊退惡靈的力量？

【提問】

在幸福科學的支部或精舍會舉行各種祈願，包括「擊退惡靈祈願」、「惡靈封印祕鍵」、「惡靈調伏祈願」※等等，但有時仍會聽到「遲遲無法復原」、「不知道到底有沒有效果」的聲音。

問題是出在導師的祈願方式嗎？還是在世間的應對上有什麼不妥之處呢？還請您賜教。

※「擊退惡靈祈願」、「惡靈封印祕鍵」、「惡靈調伏祈願」「擊退惡靈祈願」可於全國的幸福科學支部與精舍參加；「惡靈封印祕鍵」可於全國的幸福科學精舍參加；「惡靈調伏祈願」則可於總本山正心館參加。

驅魔師平日的精進極其重要

驅魔師藉由後天的修行與知識學習，確實能夠提升自身的功力，但是部分的力量還是來自於此人先天靈魂的力量。此外，同時也得考慮當下協助此人的靈性存在，也就是守護靈、指導靈的力量，總和這些因素，就構成驅魔師整體的力量。

驅魔絕非「誰來做都一樣」，以信徒的立場來說，他們拚命尋找可能有效的地方，才前來尋求協助。大抵是源自於他們「聽到眾多評價，譬如，某人『疾病痊癒』或是『趕走了窮神』，人們都會到那裡參加祈願」的念頭。

無法讓所有人都獲得同樣的效果，這是沒有辦法的事。若是讓大家感覺不管到哪裡都能獲得同樣效果，那或許是一種誤解。

總之，平日的精進非常重要。就像持有「日本刀」一樣，為了不讓它生鏽，必須要勤於保養。

舉例來說，即便獲得「支部長」、「館長」、「講師」等資格，假使疏於保養，依然會生鏽。我想平日的鍛鍊、精神訓練與修行有其必要。

同樣地，讀誦《正心法語》的效果也會依對象而有所不同。若讀誦者的心，能夠接受來自天上界的光明，在此狀態下誦經，唸出來的話語裡就會帶有「言魂」，聆聽者勢必會開始產生反應。

反過來說，僅僅依照字面做形式上的

《佛說·正心法語》為幸福科學的根本經典（三皈依信者限定領受）。全篇均由九次元大靈之佛陀意識降下之言魂構成，讀誦此經文將釋放靈性光明。

讀誦，靈性並未與天上界連結，讀誦《正心法語》也無法對惡靈產生嚇阻效力。對方會觀察我方力量的多寡，有時會覺得「這點程度也想打倒我」，反而更加肆無忌憚。

此外，若是雙方勢均力敵，對方也會刻意讓我方躁動，而產生「徒勞無功」的思緒，讓情況看起來更嚴重。

因此，當覺得「家中最近發生很多不好的事」，請導師進行祈願或驅魔，有時候情況會看起來更糟糕，這就是惡靈在找碴。他們想讓那些向導師尋求幫助的家庭認為「這種作法不會有效」，進而失去信仰心。

就像這樣，有時候會看起來像是出現更不好的現象，這是正在與惡靈的力量進行比試所引發的狀況。因此，有時候僅是一個人持續進行驅逐，會遲遲看不到成果，所以清楚知悉自己的力量到哪個程度很重要。

除此之外，還有著「能夠予以拯救的等級」以及「無法予以拯救的等級」。這方面和每個人所被授予的天命、使命以及修行方面有著密切關係。即便擁有相同的知識，不過展現的方式還是會因人而異。

看穿附身之靈的真面目，就贏了一半

本會的靈言現象當中，有一部分並非是天使的內容，藉由觀察這類例子，得知其反應、生態，進而即能漸漸地看穿其真面目。面對惡靈，若能看穿其真實面目，大多時候就已獲勝一半。

他們通常都在暗地裡活動，以世間的觀點來說，就像是犯人。若是有誰發現犯人的蹤跡，對方立刻會想準備逃跑。但在還沒有被人發現時，就會佯裝事不關己的樣子。待證據確鑿，確定犯人身分並開始追蹤之後，犯人就會開始逃亡。

因此，看穿對手的真面目、看穿對手力量的程度，是非常重要的。而為了培養加以看穿的能力，平日就必須要精進努力。

請務必明白，看穿對手的真面目以及了解對方的力量多寡是至關重要的。

委託擊退惡靈的家庭與當事人的心境亦有影響

除此之外，導師這方的力量自然得列入考量，不過還有其他影響因素。諸如委託擊退惡靈的家庭或當事人本身的信仰心與純粹的心境，那股「自己也該精進」的心境以及「我要對抗」的心境，也是會產生影響的因素。當裏外兩側相呼應時，始能得以驅趕。

若是當事人的靈魂波動與附身而來的惡靈極為接近，肉體長期被「占據」，甚至待上十年、二十年，惡靈這方就會開始認定自己有居住權，形成類似「租賃權已成立，期限未到，無法輕易趕走」的狀況。

基於「找來一個陌生人要我『離開』才沒那麼簡單咧！這裡可是我的住處啊！」的想法，對手會頑強反抗，此時則難以將其驅趕而出。

再者，如果對方比驅趕之人的力量更強，可能導致試圖驅趕之人反被附身，進而出現異常的現象。惡靈附身到驅魔師身上，引發各種不協調的現象，這也就是「打包回家」的狀態。

依對象不同，也可能變成像電影「大法師」那樣，形成「最後弄破窗戶玻璃並跳窗而死」或「驅魔師受到傷害」的結局，這部分確實有可怕之處。

感到迷惘時應回歸佛教的根本原理

然而，若是陷入迷惘之時，別只想著「展現法力」，有必要先試著回到佛教的原點。

佛教所講述的基本想法當中，有著所謂「三法印」的思想，也就是「諸行無常」、「諸法無我」、「涅盤寂靜」。這個教義對於「拯救被幽靈附身之人」，實則為有效的理論。佛教教義清楚講述「對世間懷有怨念，附身至他人身上致其痛苦的幽靈該如何驅逐」的內容。只是現今的和尚、宗教學者、佛教學者不了解而已。

因此，欲驅趕惡靈的人，也可以稱之為施術者，必須回歸佛教的根本原理。其基本原理，說明如下。

諸行本無常。

附身而來的惡靈、惡魔們，在世俗之間，無論如何努力守護自己的榮華富貴，或至今所得的立場、財產、地位、權勢，世間萬物總是不斷推移，沒有任何一物是恆久不變的。

沒有任何力量能讓事物停滯不動。

譬如，不管是執著於自己的房子、執著於孩子等等，有太多東西會讓人有所留戀，然而，所有的事物都像不斷流動的河川，再怎麼執著也沒有用。

三法印

佛教教義的中心。
法印代表「教義的記印、旗印」之意。

諸行無常

「萬事萬物不常在。因此不可成其俘虜」之訓誡。

諸法無我

與「一切皆空」之思想相連結的觀念，訓誡「世間萬物均為一時之物，靈的世界才是實相世界」。

涅盤寂靜

訓誡「切斷世間的執著，始通往實在界烏托邦之境，是為覺悟之境」，這是釋迦佛教中眾人追求的境地。

世間的萬事萬物，皆會損壞、崩毀而去。

人會年年老化，最後死亡，肉體被燒成灰燼。建築物或是學校的校舍也一樣，總會逐漸損壞，不斷改建或重建。

公司也很少能維持百年以上，有很多逐漸經營不善倒閉的公司。死後變為靈魂的經營者，擔憂著「我的公司快要倒了」、「得幫員工們想想辦法才行」，可是有時候此人的公司其實早就不在了。

無論對這些事物如何看重，會毀壞的東西就是註定會毀壞。

以大自然來說，就像細菌分解人類或動物屍體，將養分還給土壤的循環。不管是公司、學校、各式各樣的組織，全都會被分解而消失，這是阻止不了的發展。

再者，從人類應有的靈魂之姿來說，本來就應該切斷對世間的執著，回歸「能夠帶回來世的只有自己的心」之道理，並且努力澄淨己心，回到天上界，展開新的修行。

請努力回到那般清淨的世界，那裡才是諸位應該前往的地方。

為了回到那般清淨的世界，務必要努力將煩惱吹熄。所謂的煩惱，即是基於肉體對世俗的執著，務必請切斷對各種事物的執著。

活在世間之時，金錢自有其用處，亦能從各種人際關係獲得幫助，大房子、公司、公司的名聲也可能是一種助力。但是死掉之後，這些東西全部都已不再跟你有關，務必將其忘掉才行。

為了順利移居至下一個世界，必須忘卻那些事物，一一清算放下。

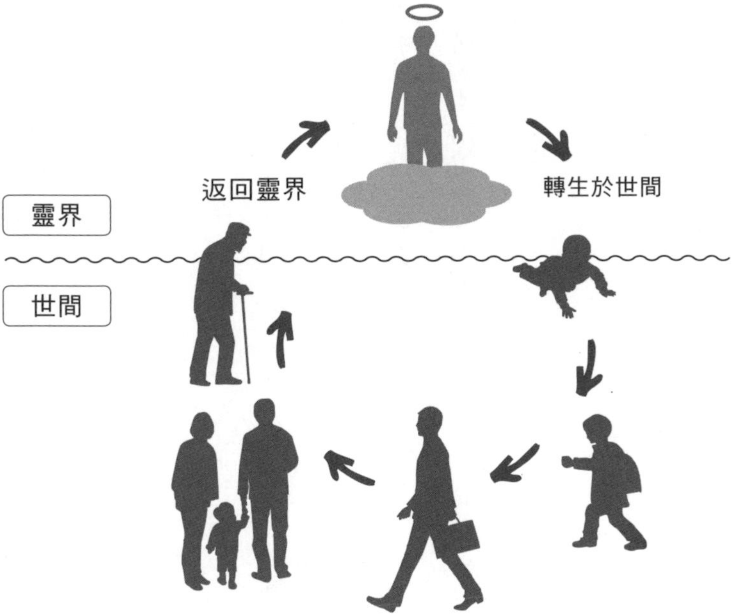

於世間積累各式各樣的經驗

接著讓心境澄清，回歸到讓自己能進行更高度的修行。

如此簡明的「幽靈成佛經」，其實正是佛教「三法印」的教義。

基本上，就是回歸到這個原理，用簡明易懂的話語告訴對方。不管是對著活於世間之人，抑或是對著附身於身上的惡靈，若能夠清楚解釋，有著說服力的話，在讀誦《正心法語》等本會之經文時，勢必會帶出更大的力道。

若是不傳達這樣的原理，基本上，想要驅逐附身之靈是相當困難的。

惡靈生前大抵都否定來世與靈魂的存在

現今世間當中，電視台、報社等單位，大多抱持著唯物論的想法，毫不在乎地否定來世或靈魂的存在。對此，本會拚命與其對抗的理由是「若讓這些人帶著如此想法的心境死去，死後會無處可去」。

人死後肉體消失，靈魂又無處可去的話，必定會產生「我非得當人才行」的念頭，進而附身到世間之人身上，把那個人當成是「自己」，「住」了進去。這樣的惡靈不勝枚舉。此外，也有很多惡靈會守在建築物、職場或自家。

為驅逐這類惡靈，勢必得先讓對方理解前述的原理，否則惡靈是不會想離開的。

還活在世間之時，做為自身覺悟的某種機緣，可以的話，請閱讀我所寫的佛法真理書籍，哪怕是一本也好，或是聆聽一次我講述的法話。若不曾有過這類經驗的人，在死後變為惡靈後，要讓他理解這個原理，就很費工夫了。

再者，要是被附身之人完全不相信如此的理論，雙方就會像磁鐵一樣黏得緊緊的。那麼理所當然地，要想將其分開，就沒那麼容易了。

本會有許多種修法，各自具有不同的效果。我想其中不乏有人單憑修法，便威脅到附身惡靈，進而成功將其驅逐。不過有時還是有行不通的情形，終究還是必須懇切地將根本原理加以訓諭才行。

前往本會的支部或精舍等地，能夠聆聽到我的法話（錄影畫面）。若是帶一個非本會的人進場，由於現場大家都在專心聆聽，或許能讓此人乖乖跟著聆聽。然而，若在公司之類的地方，其中不相信的人占大多數，於如此場合談論這類話題，難保不會被訕笑，人就是會毫不在乎地表現那種反應。

面對這樣的人，即便你說：「你死後無法回到來世喔！」對方也可能會回答

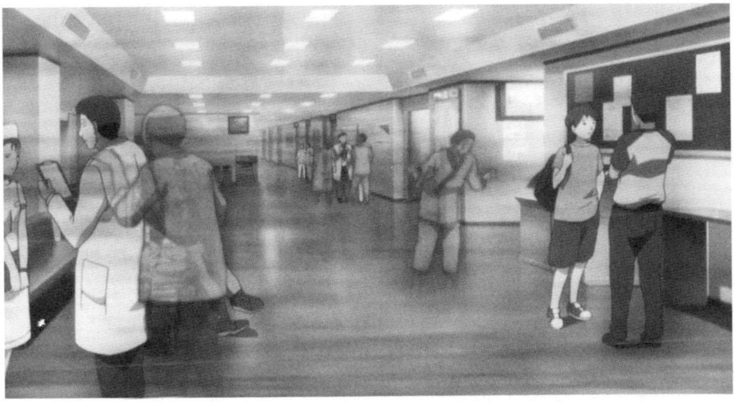

徘徊於醫院的不成佛靈（擷取自動畫電影「佛陀再誕」）

「我才不相信有那回事」。

然而，當這些人死在醫院，化為幽靈，在醫院附近晃來晃去、附身到其他病人身上，還常誤以為「自己現在被監禁在特殊的病房裡面」。

我時常呼籲身為信徒的各位要進行傳道活動，或許各位會感覺到我有點等不及，甚至感覺到有點強人所難，但這是因為若不讓世人在還活在世間的時候接觸真理，這些人死後會很麻煩。雖然有些人在得知真理後，還是會因犯錯而墮入地獄，抑或留在世間遊蕩，但若是事先曾學習過，往後才有說服的契機。

讓惡靈回到靈界的「法力」源頭為何？

然而，在世之時幹了不少壞事，死後直接前往地獄，待上千年、兩千年都不出來的人，這類人已無法稱之為「惡靈」，而是「惡魔」。

要讓惡魔回到天上界並非那麼簡單，因為他們在生前幾十年間四處作惡，不僅有著惡性的人生態度，在死後還附身到各種人的身上，使其發狂、自殺、犯下殺人罪等等，繼續幹下更多壞事，不斷累積他的罪行。

這些行為均尚未獲得清算，自然無法輕易地前往天國。就像鉛塊一樣，密度高的東西只會一直往下沉，沒那麼容易浮上來。

當來到「惡魔」或「魔王」的等級時，本會的講師或支部長，就會變成與對方在相撲場上的僵持互抓，或許沒有具備能將對手輕鬆摔出去的力量。對手的惡極其巨大，欲使其離開附身對象並回到靈界，得具備強大法力才行。

那麼如此法力的根源為何呢？那即是來自某種學識的「學德」，亦是於平日精

引誘人自殺的不成佛靈（擷取自動畫電影「佛陀再誕」）

進所累積而得的「道力」。每日不間斷地精進，自然能獲得「精進力」。

此外，那根源也可形容為「此人有自覺地引來指導靈們的靈流」，那般力量也是具有其效力的。

更有甚者，若覺得自己力量不足以應付時，也還可以「到支部或精舍，借助夥伴們的力量，藉由『大家一起祈願，一起祈求那個人的幸福』之形式驅逐之」，這也是一個辦法。

最終的辦法則是與天上界的指導靈團合為一體並對抗惡靈

要趕走惡靈不是一件容易的事，總會遇到自己力所不及的時候，再加上還有信仰心與僧伽（僧團、教團）的力量問題，所以最終來說，若不和僧伽一同戰鬥，並且和天上界幸福科學指導靈團的力量合為一體而戰的話，將無法獲得勝利。很多時候，光靠一個人的力量是贏不了惡靈的。

在這層意義上，平日就必須「皈依三寶」，並且「徹底確立信仰心」才行。即便是過去做為講師活躍於各種活動中的人，一旦離開群體被惡靈入侵的話，就會陷入無法判斷「何為正確、何為錯誤」的狀態。如此一來，就會變得無法輕易加以拯救，從此變成惡魔的俘虜。

因此，請各位務必經常保持「謙虛」。謙虛地「努力、精進」，不忘「忍辱」※的態度持續修行。最根本的解決關鍵，就存於那般修行之姿當中。

雖然有擊退惡靈的修法，但在此之前，具備著以簡明的話語講述真理，使對手有所覺悟的力量是非常重要的，這與平時所培養的說法力亦有關係。

現今能夠講述那般話語的和尚非常地少，他們會在中元節或故人的忌日進行供養儀式，但若僅是形式上地讀經，實際上還是無法讓故人獲得拯救。

如果和尚還具備足夠的覺悟，即便同樣是在儀式上讀誦經文，若是其話語當中宿有某

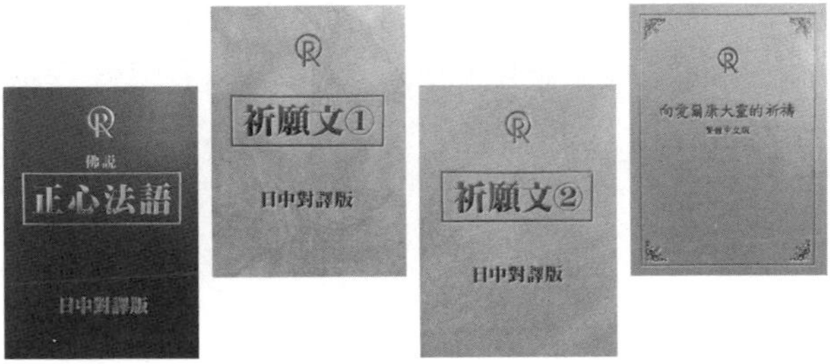

所謂三寶皈依是指認同佛、法、僧三寶之神聖，並且願意身心投入予以信奉的心境。誓願皈依三寶之人（三皈依信徒）將被授予《佛説·正心法語》、《祈願文①》、《祈願文②》、《向愛爾康大靈的祈禱》之經典。

※「忍辱」 是為承受、忍耐責難或批判。不在心裡留下懊惱念頭，不受影響、繼續修行。

種言魂，便會產生救濟的力量。然而，若是一個未得覺悟之人讀誦同樣的經典，也只不過是個「發聲機」，無法驅趕惡靈。

若是一個明瞭真理之人喝斥「撒旦，退下」，即會有相當的力道，但未覺悟真理之人，再怎麼喊，也只是讓對手嘲弄罷了。這部分因無法以肉眼判斷，所以難以讓人明白。

總而言之，平日的精進至關重要。無論如何努力、精進都是沒有終點的。

除了個人的精進之外，亦需儲備「教團的力量」。對教團的信賴越強，「拯救的力量」亦將隨之增加。

因為有眾多地獄靈或惡魔的存在，如果是我自己一個人，遇上眾惡靈一齊來襲的話，也是會感到棘手。因此，我想不應以寡擊眾，我正逐漸增加抱持著信仰心之人的人數。如此一來，信徒們的信仰心就會聚集到我這裡來。這即是保護總裁力量的方法，這是很重要的。

在這層意義上，能否好好地覺悟到「幸福科學整體上在推動著什麼」以及「自己在學習什麼」就變得很重要了。

以上內容或許偏於一般論述，但我想大致就是這樣。

Q2 該如何應對謊稱惡魔的靈體？

【提問】

容我以一個實際遇到的例子來提問。

某位女性無預警地發生過度換氣的症狀，看起來很痛苦，我們懷疑是惡靈的影響，便與在場的幾名職員一起讀誦了《佛說・降魔經》※。後來附身靈被逼出來，變成徹底附身的狀態。開始發狂暴動，力道大到連男性都快壓不住。

不僅如此，這個附身靈還用與當事人性格完全不同的語調，開始大罵類似「這傢伙的命我要了」、「你們沒有拯救這個世界的力量。放棄救世運動吧！」的話語。

我們重覆進行「愛爾康大靈　戰鬥※」的修法，附身靈感到很厭惡，一瞬間離開了當事人，但又反覆回來，還吼著「那種修法是沒有用的，你們沒有拯救的力量」，他想讓我們失去信心，最後還騙我們說自己是惡魔。

我們一邊進行修法「愛爾康大靈　戰鬥」以及讀誦《佛說・降魔經》，反覆對附身靈說：「某某小姐深愛著主愛爾康大靈。某某小姐和主是一體的」、「任何惡靈與

※《佛說・降魔經》 收錄於幸福科學根本經典《佛說・正心法語》的經文之一。

※「愛爾康大靈　戰鬥」 幸福科學當中驅逐惡魔的修法。幸福科學三皈依信徒限定領受之經典《祈願文①》中收錄著「擊退惡靈的祈禱」之經文。

惡魔都無法違逆愛爾康大靈靈團」，「即便你能支配其肉體，但其靈魂是不受支配的！」

於是附身靈終於離開，當事人意識也逐漸恢復，之後就跟這位女性一起慢慢讀誦《正心法語》。直到這位女性開始可以講話，漸漸地心境變得協調，附身靈附身的頻率就逐漸降低了。

最後當事人用自己的力量讀誦《向愛爾康大靈的祈禱》，附身靈終於徹底離開。

以上是我親身看到的現象。

在此請教，若是

《向愛爾康大靈的祈禱》為收錄於幸福科學三皈依信徒限定領受之經典《向愛爾康大靈的祈禱》的其中一篇經文。

遇到惡靈以上等級的小惡魔或者是惡魔的時候該如何驅魔？以及如何構築結界以防患於未然？懇請賜教。

首先應辨識自稱惡魔之對方的「力量為何種程度」

從這個內容來看，很明顯是魔王或惡魔手下以上的等級。雖然力量大小無法確定，但我想差不多是這個等級。

不過，現身而出的惡魔基本上也具備著工作能力，不會做效率太差的事。如果鎖定的目標沒什麼搞頭，就太不划算了，所以他們會選擇有價值的對象。

因此，若想知道「這個惡魔擁有多少力量」，就應該反過來看看「惡魔所附身、想要帶走的人是什麼樣的人」，或者是「若是此人發生最糟糕的事，會產生多少影響」等等。

在驅魔前，必須要能夠辨識「何種程度的惡魔會想要攻擊那種程度的人」。

這麼一來，就應該能推測出「對手力量為何種程度」。當明確地看出「使當事人感到迷惑之惡魔為何種程度」後，接著就會知道「大概需要多少力量才能成功驅逐」。

舉例來說，即便對方自稱「地獄界的帝王」，但實際上地獄界的帝王並不會附身到一介信徒身上。他們沒有那麼閒，即便對方高喊「我是地獄界的帝王」、「我是盧西弗」、「我是別西卜」※，但這種等級的存在不會附身到信徒或會員的身上。

他們也有很多事要忙，沒那麼有空。如果對象是「一個高度人才，其重要性之高，只要抽掉這根柱子就能讓整體崩塌」，或者「身處一個無他人可代替的職位，讓此人發狂，就有機會讓整體崩潰，或讓教團分裂」，那麼他們就有可能出手。除此之外的人幾乎不會遇到。

惡魔當中亦不乏說大話的，所以必須要觀察被靈附身之人的狀態，客觀地看穿「對手的力量到何種程度」。

若是提升信仰心的程度，保護此人的力量即會增強

你所提問的事例當中，提到了附身靈的力量逐漸降低，我想那時的運氣還不錯。

會罵出「你們沒有拯救的力量」之類的話語，大致代表對方不

※「我是盧西弗」、「我是別西卜」　盧西弗是基督教系裡的惡魔，地獄帝王當中的一人。別西卜亦為基督教系裡的惡魔，被稱為僅次於盧西弗的強大惡魔。

樂見教團勢力越來越大，基本應該算是小惡魔。

又或者，受到其他邪教團體影響的人，也常會出現這類傾向。換言之，過去曾隸屬其他宗教的人來到本會，從附身靈的角度看，自會覺得「不能讓人搶走附身對象。我支配這個人這麼久，萬一讓他跑去幸福科學，我就不能再支配他了」，於是就會講出那些話。

邪教當中也有不少近似小惡魔製造機的教團，在這種地方待上一段時間後，慣性法則自會作用。若是一個在那類地方修行了一、二十年的人，產生與提問事例相同的狀況，大家再怎麼向他喊話，想必仍無法輕易趕走附身靈。

在剛才的事例中提到了信仰心，我常常告訴人們「信仰心的重要性」，然而報章媒體大肆扭曲，削減了信仰心，導致一般人總是難以理解。

然而，信仰心也有「相信到什麼程度」的百分比級距。從「憑感覺可以相信」、「有點相信」、「相信大概一半」、「大抵都可以相信」，一直到「完全相信」等等，分成很多層級。

至於什麼是「信仰心的程度有所提升」，那即是感覺自身與教團以及愛爾康大靈的一體感有所提升。隨著信仰心的提升，和此人有所關連的教團或愛爾康大靈的力量就會一併提升。

總而言之，問題就在此人「被哪一方的『磁鐵』給吸走」。

被附身的原因，有時是出自於「當事人自己創造的唯物思想或惡魔般思想，進而引來附身靈」，或是「因為抱持其他宗教錯誤的教義或哲學，而引來附身靈」、「家族當中的原因，進而出現那般狀況」等等，原因可謂五花八門。關鍵在於對當事人來說，哪一方的吸引力較強，結果就會有所差異。

因此，若是自己本身的力量不足，務必正視這個事實，拋棄無謂的自尊或名譽心，脫掉「盔甲」，徹底皈依，打從內心說「我要皈依教團」、「我將一切交託給愛爾康大靈安排」，這點非常重要。如此一來，保護此人的力量就會開始增強。

世俗的自尊心亦可能妨礙拯救

然而，諸位難免各有其自尊心。對於年齡、職業、地位、金錢、家世或學歷，每個人都有著自己的自尊心。

譬如，有一位校長，自覺被惡靈附身，在處理校內發生的霸凌事件時，自己似乎在靈性上被攻擊了。

但校長終究有他自己的自尊，身為校長，自有訓示並指導他人的自尊，很難要他「『裸裎』相見」。由於他抓著「我是站在教導立場之人」的自尊不放，所以難以建立出百分之百的信仰心。

又或者像是警察，或許也有這類情形。若是他的自尊是「我的工作是逮捕壞人，做這種工作的人沒道理被惡魔附身」，難免就會覺得「我的工作就是分辨正邪、逮捕犯人，但這樣的我卻被他人判別正邪，並指出我的錯誤，那我的自尊就不保了」。

只要抱持著上述的想法，那麼當事人的痛苦就不會結束。

因此，除了惡魔本身的力量，當事人內心當中有多少程度的迷惑之惡也有著關係。從某種意義上來說，當事人的自尊心有著盔甲，而被盔甲蓋住的部分，便會削弱「拯救的力量」，或者把拯救的力量隔絕在外，此時就必須要當事人打開天窗說亮話。

說服當事人捨棄自尊，回歸純粹的信仰

促使對方理解「雖然世間的職位、年齡、人生八十年的經驗、十幾代延續至今的家世、自己的兄弟姐妹很了不起、雙親是大人物等等，但是那些都不重要，對靈魂來說，你只是一個獨立個體」。

等對方全數去除掉這些留戀時，即可讓本會的光明流動，直接進入到此人內心，效果就會變得非常強烈。

當事人自己本身妨礙了拯救的例子極多，尤其日本人有著許多根深蒂固的概念。日本歷史上曾有儒教時代，所以一般人很在意輩分關係。

譬如，即便是幸福科學支部長試圖想要拯救，但當事人的年齡比支部長大上一倍，就可能心想「就憑你也敢罵我，要我道歉，想

都別想」，進而不肯聽從建議。

又或者，當事人會認為「自己是歸國人士，還擔任經營顧問，關於公司經營，我可比你這什麼支部長懂太多了」。但其實當事人自己公司經營不善，並且還怪是因為政府政策差勁，所以才導致經營不善，責任不在於自己。然而正因為如此念頭，才讓惡魔闖進來。

這些自尊心固然重要，但我還是希望能拋開那無謂的自尊，回歸到純粹的信仰。

面對人格有可能崩潰之人的注意事項

然而要注意的是，有些人一旦除去了自尊心，就會變得什麼都沒有。宛如南方島嶼常見，蓋得高高的屋子，只要抽掉下方一根柱子就會整棟塌掉。架在梁柱上的茅草屋頂，抽掉梁柱之後就會整個垮下來，就像這樣，有些人的人格會以這種形式崩潰。

這種狀況確實難以掌握分寸。「腐壞的柱子」應當移除，但是在移除的同時，得同時準備「另一根柱子」撐住原本的位置。

欲準備「另一根柱子」，就要教導當事人瞭解自身的優點及優秀之處。譬如「或許其他人不曾告訴過你，其實你在這些方面很優秀」、「你應該對這方面抱持自信」、「在這麼辛苦的狀態下，你能撐過來真的很了不起」。藉此支撐住當事人的自我，以便順利去除掉應當去除的部分。

這也算是一種光明思想，就像這樣有些案例需要一邊撐住當事人的自我，一邊注入真理。

如果當事人是一個完全「解除武裝」之後，自我便將逐會溶解的人，那麼去除掉全部的自尊就有其危險之處。當做為人的尊嚴消失後，此人就有可能像被灑了鹽的蛞蝓一般溶化了，所以得多所留意。

在人格接近崩潰，快被送到精神病院時，很多時候是因為自尊心完全掃地，因此不可讓當事人的人格完全崩壞，需謹慎小心地一根一根換掉「柱子」。

判斷是否為惡魔附身並將其驅逐固然重要，但若發現人格可能崩潰時，於此同時還必須準備好新的材料，例如，「木頭柱子」或「鋼骨」加以支撐。希望諸位能明白這兩個面向。

一旦被惡魔附身，信仰心即會開始動搖

最終來說，若是當事人有了完全的皈依之心，從對方的角度來看，便有如被整個教團及愛爾康大靈的指導靈團包圍而戰，無論是哪種惡魔都待不久。

但是，人總是難以達到那般程度的皈依之心，難免會為了一些無所謂的事，而心生抵抗。

關於這一點，我們也應該有所思考。若是本會的活動能在社會上普遍受到多數人的認同，隨著勢力增加，人們相信的力量自會變強起來。

反過來說，每當有週刊雜誌、報紙或電視報導各式各樣揶揄的內容時，信仰心就會隨之動搖。我們應該盡可能地提高信用，以能

凌駕這些狀況。

惡魔有時有著軍師的一面，被附身之後，就會對當事人說「雖說得很好聽，但你所信的宗教其實有這樣的問題存在吧？在某方面不是也失敗了嗎？」當事人聽到之後，便會認為「啊啊，或許真是如此」，進而信仰心就會開始產生動搖。

除此之外，在某些案例中，當事人被惡魔附身，想要進行除靈或退散儀式之前，往往會遇上不少的阻礙。例如，家人反對、害怕去幸福科學的支部或精舍。有時人已經來到了最近的車站，卻又掉頭離去，最終未能進到支部或精舍。從這狀況來看，多少還是需要法友（共同學習真理的夥伴）的支援。

雖然這不是一件容易的事，但終究還是得提升教團整體的力量，也必須得到社會某種程度的信賴，當然，還要在本會裡培養出眾多「具備法力的修行者」。

一般來說，身處在我附近，就會像磁鐵周遭的鐵片一樣，鐵片就會被「磁化」，進而也變成磁鐵。離我越近，「磁化」的可能性就越強，靈性反應也會隨之增強。另一方面，原本在我身邊的人，基於職務異動而前往遠處，久而久之「磁力」就會漸漸轉弱。

為了彌補這樣的狀況，就看我們如何善盡努力，提升教團整體的力量。這和幸福科學的指導研修局以及愛爾康大靈信仰傳道局等單位的力量，亦有著關係。

也有必要具備「辨認是否也有世間原因」的眼力

此外還有一件事得考慮，特別是在家修行的人。當然，幸福科學出家（職員）也會遇到，有時候被惡魔附身時，是「源自世間無法解決的問題，因而被趁虛而入」。

通常我們都是反對唯物論或世俗的一些要素，但如果情況是「基於世俗的理論或世俗的原因而受到阻礙，遲遲難以解決，導致當事人深感煩惱無法前進」，終究還是要從解決世俗問題下手。各位必須要思考「該發揮怎樣的智慧才能消除阻礙」。

舉例來說，有個年營業額一億日圓左右的中小企業經營者，卻背負著五億日圓的債務，想必晚上都睡不好覺吧！年營業額才一億，卻必須償還高達五億的債務，當然沒那麼簡單。

這時，應從具體方面下手，從中小企業的例子來說就是「改變公司體質、改變收益結構、逐步減少債務」，若能努力將營運拉回軌道，就會比較容易擊退惡魔。反之，若成天只想著「再這樣下去，我的公司一定會倒閉」，恐怕就真的逃不開惡魔的攻擊。

因此，若有著該解決的世俗問題，就應該予以解決。

又或者因為生病而在心裡產生弱點，導致惡魔趁隙而入，那麼就應盡力治好能治癒的病。如果是無法治癒的病，就接受那現實，抱持達觀，思索「該怎麼做，才能避免家人在自己離世後有所困擾」，確實執行所有能做到的事，整頓好身邊的事物，亦能使人冷靜許多。

綜上所述，面對世間的問題，能夠解決的事物必須一一解決。這份努力至關重要，這部分意外地時常成為驅魔時的盲點。

法國哲學家阿蘭（Alain）在《幸福論》一書中，寫到以下的內容：「嬰兒哭個不停，奶媽說『因為爸爸也是這種個性，這是遺傳』，但這並非實情，嬰兒是被身上之新生兒衣服裡的棉針刺到，覺得痛才哭的。」

現實當中，像這位奶媽一樣，沒有察覺到棉針，擅自把原因歸咎於遺傳，主張「因為爸爸跟爺爺小時候也一樣愛哭」，這樣的情況比比皆是。

在解決靈性問題時，有時候認為是靈性的問題，但實際上問題可能出於世間的狀況，而使當事人感到「痛楚」。此時，務必要找出其原因並排除之。只要把

阿蘭（1868～1951年）
法國哲學家。

針拿掉，嬰兒就會停止哭泣。

此外，《幸福論》當中還提到亞歷山大的馬匹來作比喻。有一匹無法抑制的瘋馬，亞歷山大看穿「馬只是在害怕自己的影子」，讓馬面向太陽後，就不再橫衝直撞了。

因此，也必須要具備「辨認是否也有世間原因」的眼力。不僅止於靈性方面的原因，亦需分辨出世俗的原因。

回到前面中小企業經營者的例子，原因可能不在經營者身上，而是他的妻子或小孩等自己料想不到之處。或者是出自於他不想講出來的原因，又或者「其實是公司裡的某個人有問題」。若是有那般原因存在，就必須努力探究其原因。

我透過幾個角度進行說明，最終若想要擊退惡魔，就必須要拿出全力進行團體戰。

Q3 對抗惡魔的方法

【提問】

大川隆法總裁先生於著作《佛陀的證明》（幸福科學出版發行）等，曾指出「惡魔基於個人主義是為一盤散沙，無法進行組織戰」。

不過在惡魔對於幸福科學的攻擊當中，曾遇過他們以組織型態加以攻擊的例子。針對這個部分，可否請您解惑？

巨大的惡魔有時會建構組織

一如《佛陀的證明》書中所寫，在原始佛典當中，做為釋迦的話語，曾經提及「惡魔的軍隊」。

佛典提及「第一軍隊為『欲望』，第二軍隊為『嫌惡』」等等，惡魔具備好幾種攻擊方式。

不過，能夠以組織型態進行攻擊的，即是巨大的撒旦（魔王）。

一般來說，惡魔之間是會相互攻擊的，沒有那麼簡單會自成組織。然而若是巨大的撒旦抱持特定目的攻擊時，在某個程度上，有時就會以組織戰進行。

因此，當他們鎖定特定目標加以攻擊時，被攻擊的一方就必須要具備回擊的力量。

譬如，最近某個政黨的幹事長曾說：「若向宗教法人課稅，政府不就能拿到好幾兆日圓了嗎？」

就像這樣，若是當事人具有著足夠納入惡魔的「器量」時，惡魔就會侵入進去。這麼一來，惡魔就能運用此人的指導能力，或者是支配此人的部下，現實中的確有這樣的狀況。

過去戰國時期的武將，在戰場上殺了很多的人，這些武將當中既有光明天使，亦有化為地獄惡魔之人。的確，殺了大量的人而前往地獄的案例有很多，而在地獄界中能使喚多少人，在某個程度上，與念力的強度有關。

在世間當中也是如此，流氓或小混混多為各自行動，但暴力組織的頭頭，有時即能夠使喚幾千人乃至以萬為單位的手下。相同的道理，地獄的惡魔偶爾也是會建構組織的。

當頂端有著具名聲的惡魔坐鎮，若是還具備著領導能力，偶爾就會以組織戰的方式出兵。若發現「能一決天下」的重要機會，有時就會建構組織，發動攻擊。

惡魔會找尋弱點攻擊

只不過，觀察惡魔普遍的攻擊方法，可以發現他們很少從正面攻擊，大部分的攻擊都瞄準弱點下手或是從旁切入。

從這點看，他們並不擅長透過正規軍進行組織戰，他們總是針對弱點攻擊。

舉例來說，草食動物的群體，有時候會有一隻速度特別慢、生病或是幼小的脫隊落單，這些都會成為獅子攻擊的目標。

整群動物圍成一個圓，採取「獅子一旦靠近就用後腳踹」的策略，獅子就不會再逼近，所以獅子的基本攻擊模式就是從落單者下手。

戰爭時常以潛水艇為攻擊目標，理由同樣是它遠離艦隊，這是基本的攻擊模式。

這個戰法符合「蘭徹斯特法則」，是很科學的戰法。蘭徹斯特法則，是現代的「競爭科學」，簡單來說就是「不與強者對抗，要找弱者作戰」的方式。

蘭徹斯特法則主張「人類常有挑戰強者的傾向，但實際上，強者應為『目標』，而非『競爭對手』。首先應思索如何解決眼前的敵人，先解決掉比自己弱的對手，進而取得地盤」。

蘭徹斯特法則原本是飛機戰鬥的法則，其他像是「三對一法則」亦很有名，那即是「無論零式戰機有多厲害，派三架格拉曼戰機便可擊落」之概念。

三對一的作戰，基本上近似「欺負弱者」的形態。

順帶一提，大部分的校園霸凌，大多是五或十人構成的小組，欺負一個人的形態。不會是一對一的，一對一自然成了堂堂正正的對抗，而霸凌大抵均為「五到十人聚集在一起欺負一個人」的情況。

就某種意義上來說，那也是運用了蘭徹斯特法則。

就像這樣，基於得勝機率較高的理由，蘭徹斯特法則亦經常被應用於世間的一般狀況當中。

同樣地，惡魔也會從本會弟子的集團當中，挑一個抱持某種煩惱或疑問的人下手。縱然此人對教義不帶懷疑，但心裡仍牽掛著其他事情，諸如「經濟上的窮困」、「罹患疾病」、「家人遭遇不幸」，當心中有著某種罣礙時，這個部分就很容易受到惡魔攻擊。

惡魔採取的戰法與獅子一樣，偏好以草食動物群的脫隊者為目標。

基本上惡魔不會堂堂正正地擺陣作戰，而是採取進攻弱點等卑劣的戰法，要不就是以龐大人數壓制力量較小的部分，惡魔很少會像相撲那樣正面衝撞。

防止惡魔攻擊的方法

當惡魔以橫綱相撲般地從正面攻擊時，那就是「降魔成道」的時候。

譬如，佛陀開悟之際，對惡魔來說自是頭痛之事，為了妨礙其開悟，進而全面性發動攻擊。在「開悟前夕」的狀況下，惡魔會正面攻擊，但其他時候並非總是採取這般攻擊方式。

或許在地獄界當中亦有其「工作」，一如世間的企業，惡魔們或許也有很多事要忙。手下可能會請示：「首領，這個該如何處理？」惡魔可能也得忙於「裁決」。

因此，惡魔似乎無法在地上界長期作戰。惡魔會指示「這個傢伙給你負責」，進而將手下留在地上界監視，長期抗戰是手下們的工作。

然而，與天上界的天使們相比，惡魔的團結力很弱，並且總是採取「欺負弱者」的戰法，或者是從弱邊進攻，從弱點下手。

因此，若想保護組織不受惡魔攻擊，可以逆向思考，努力不製造弱點。思索「組織的哪個地方可能產生弱點」，事先針對該處預防「漏水」。除此之外，也需要思考如何防止對方鎖定落單者攻擊。就像火災一樣，輕忽火苗，一個不小心，火勢就會蔓延。

就像這樣，惡魔總喜歡趁隙攻擊，想法極其卑鄙。

大眾媒體等單位的戰法，多少也有相似之處。尤其是小規模的媒體更是如此。有些媒體老是扯人後腿、小題大作並反覆強調，完全不考慮事情的輕重，實則展現了人性卑劣的一面。

國家的領導者受惡魔入侵之時

此外，若是惡魔入侵到念力強大的領導者心中，就能使喚更多手下，進行類似組織戰的策略。

規模更大的，影響力到達國家層級，可能就會像納粹那樣，其結果就是高達六百萬名的猶太人慘遭屠殺。

波布政權下的柬埔寨亦同，有兩百萬人民被殺害，變成了骷髏頭。我想波布必定是被惡魔附身了。

或許有人會想「光明天使到底在做什麼？為什麼不拯救那些人？」只不過，佛教並沒有教導人們進行對抗，有些時候確實是無能為力。

中國在文化大革命時期死了幾千萬人，當這般悲劇發生時，可以想見領導者或許受到了惡魔之入侵。

如此狀態並不會永遠持續，但就短期來說，惡魔是有可能奪取一個國家。此時與惡魔的戰爭其實非常難打，政治上的領導者，或是掌控大規模組織的人被惡魔入侵時，確實有可能推動某種程度的組織作戰。

美國前總統布希在任期最後階段，亦有讓人不禁懷疑「該不會是惡魔吧」的一面。當時他臉部泛紅，表情猙獰，面貌堪比日本的紅鬼。不可否認地，權力自有某種魔力，中途的確有可能會變節。

就像這樣，從被惡魔附身之人的社會立場來說，是有可能會興起組織戰的。除此之外，當有分量的惡魔察覺有得勝之機時，也會動員大量的人數發動攻擊。

宗教需要組織化的理由

一般來說，「從弱邊下手」、「攻擊脫隊落單者」、「欺負弱者」等等，是惡魔的基本做法。

對此，以組織型態加以對抗，至為重要。

第二次世界大戰期間，同盟國的運輸船被德國U型潛艇隨機攻擊，一艘又一艘地被擊沉。於是同盟國討論該如何降低損害，進而決定組成一個護送船隊。

單艘航行，乍看損失不大，然而一旦被發現，便很容易就會被擊沉。

同盟國實行護送船隊的策略，編組運送船隊，讓驅逐艦等艦艇做為護衛艦隊圍在外圍，讓U型潛艇無法攻擊，損害霎時大幅降低。

現今，「護送船隊」的說法常帶有批判的意涵，不過無法否認地，編組大規模船隊是可以發揮降低損害的效果，這正是組織存在的意義。

相信不乏抱持著「可以接受宗教，但討厭組織」之想法的人，但是為了保護自身不受惡魔軍隊攻擊，組織實屬必要，有夥伴陪同還是比較強大。

雖然惡魔的戰法有多種變化，但是基本上他們還是偏愛使用卑劣的手法。

Q4 祖先之靈陷入迷途時該如何應對？

【提問】

容我從供養祖先的觀點提問。

曾經有人說過「家人發生意外事故、公司倒閉等等，這些不幸狀況的背景，來自往生祖先的影響」。從供養祖先的觀點來說，有什麼樣的方式可以應用在驅魔上，還請賜教。

有好的祖先供養，亦有壞的祖先供養

祖先供養其實有兩個面向。

做為父母親或祖父母，死後想要被子孫悼念、尊敬，會出現如此情緒也是一種事實，這是做為人都會出現的渴望愛的部分。

然而，的確有人是墮入地獄後，不知道該怎麼辦，進而附身到子孫身上變成憑依靈的情形，這就是個問題了。

有些宗教會說「你之所以接連不幸，是因為你的祖先身陷迷惘中」，如此說法實際上也有講對的時候。「若不讓那位迷惘的祖先返回靈界，你的健康、事業或家庭就不會順遂」，現實中的確是有如此情形。

進而這些宗教便經常性地供養祖先，然而這些宗教是把責任轉嫁給祖先，進而進行供養。

總之，就好像萬靈丹一樣，只要說必須要供養祖先，把所有的問題全都推給祖先就好，只要把世間的所有不順都歸因於祖先，讓人們覺得這個宗教可以解決任何問題。

有時當事人的父母親還健在，但祖父母或更早之前的祖先都已經往生，所以只要說幾代前的祖先在作祟，當事人就沒有辦法回話了。聽到「三代之前的祖先在作祟」，當事人就只能乖乖聽話了。

「總之你每個月都得供養祖先才行」，當事人常常被這麼洗腦，只要還接觸那個宗教，就會被灰暗意念籠罩，進而變得容易被惡靈附身。並且，實際上還存在有許多根本不是祖先的靈魂附在此人身上，讓此人每次去那個宗教，就好像整個人浸在煤焦油當中一樣。

在此我就不說那個宗教的名字，但是頻繁進行供養祖先的宗教，事實上有著上述那些問題。

以供養祖先為中心的宗教之危險性

過去我想要研究某個宗教，所以我就請曾經待過該宗教的人，拿那裡的經文給我看。我一拿到，就馬上將其放下，在靈性上真的是非常地陰森，不管是經文或經典真的都非常陰森，感覺就好像一直散發出「戴奧辛」的毒性一樣。那些經文以及寫著基本教義的書籍，散發著那般毒性，所以絕對有其錯誤之處。

或許是營運那宗教團體的人，有著虛假、虛偽和詐欺之心。

有很多人因此被欺瞞於其中。明明不是祖先之靈，而是聚集了各式各樣的惡靈，卻要求人們對其進行「祖先供養」。

那些身陷痛苦的惡靈，謊稱是當事人的祖先，拚命地說「快點供養我」，該宗教的人也說著「我看你身上附身著你祖先的靈」，進而要讓人們進行祖先供養。然而，越是進行供養，就聚集更多惡靈過來。

如果指導者沒有力量，或者是沒有抱持正見（正確的見解），就會發生那樣的事，所以說供養祖先存在著善惡的兩面。

在本會創立初期時，我就曾經說過，首先供養者端正自身的生活態度是很重要的。閱讀真理書籍，過著正確的宗教生活，如此之姿是很重要。

在此之上，本會會在支部或精舍舉行供養等各種儀式，參加如此儀式，在導師的引導下進行供養會比較安全。

若是以供養祖先為中心的宗教，基於那教義，每天早中晚都在家中進行祖先供養的話，其實會有很多不是祖先的靈聚集過來，是非常危險的。

若是祖先回到天國的話，是不需要進行供養的。反倒是他們還是站在指導世間之人的立場，此時若是對他們抱持感謝之心，時而想起他們為子孫所做的事的話，他們必定會感到歡喜，不需要早中晚照三餐供養。這個是祖先已成為天國

於幸福科學舉辦之祖先供養儀式一景（幸福科學總本山・那須精舍附屬來世幸福園）。

靈的情形。

思考此人墮入地獄的原因，在心中向對方傳達

但如果是地獄靈的話，就算是供了飯也進不了嘴裡，那就是所謂的餓鬼靈。拿到嘴邊的飯，一下子就燃燒成灰，無論拿到了多少，就是處於不知足的狀態。

若是變成吸血鬼的狀態，則是無論怎麼感謝、供養，也會一直說著不夠不夠。那些靈有時是和自己完全無關的靈，有時自己的親人、祖先也會變得如此。

大概聽一下家人之間的評價，或者是喪禮中人們的話語，也就能判斷出此人是屬於天國還是屬於地獄的人。

如果人們對此人的評價都是「這個人死後鐵定不妙」、「絕對上不了天國吧」的話，那麼實際狀況也不會相差很遠。

這個時候，就像先前所述，如果思考此人陷入迷惑的原因，知道是哪個地方出了差錯的話，那就要以心念向對方傳達。

參加本會的供養儀式時，對於此人讀誦經文之外，還要用心念以簡單的話語告訴此人「你可能是這裡犯錯了，最好是加以悔改比較好」。如果對方多少也願意聆聽的話，有時就能把話聽進去。

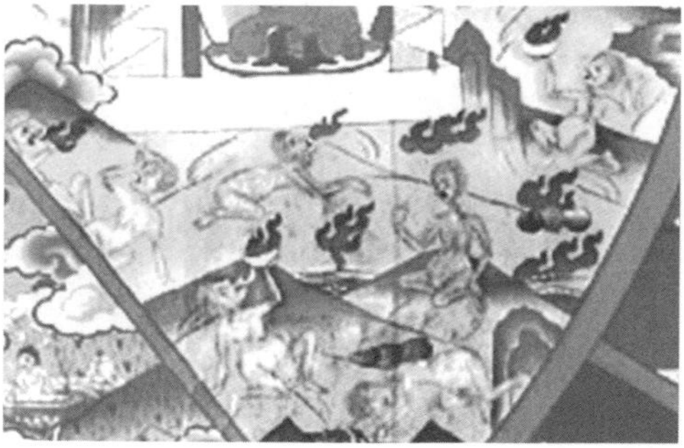

於地獄因飢餓而痛苦不堪的餓鬼靈（出自於不丹‧帕羅宗的「六道輪迴圖」）。

若是感覺自己力有未逮，就要在支部或精舍進行供養

此時必須得留意，若是對方認為子孫有供養的義務，並且認為之所以自己陷入迷惘，是因為子孫的供養不夠的話，那麼此人無論如何都無法回到天國。

這個說法就很類似中韓兩國一直在說「我們現在的不幸，都是因為過去日本做了壞事」，但如果老是這麼說的話，是怎麼樣都無法回天國的。

有些祖先會強力主張「就是子孫沒有好好供養，所以我才會上不了天國」，如果不讓此人好好反省，就真的無法上到天國。

地獄的一部分功能，有著讓當事人反省的效果，此人必定會感覺到很不舒服，因為自己周遭的人都是和自己同類的人們，但此

人絕對不會認為自己自私，只看到自己好的一面。然而從旁人來看，此人也絕對不是個好人，住在同一個世界裡的人，總是會互相討厭，每天都得和這些人碰面，就會變得想要離開這個世界，而此時就是脫離此處的契機。

地獄當中同類之人會聚集在一起，好比說世間的暴力團體也是一樣，在這個如同阿修羅界的地方，每天都是流血、打架，那種場面看久了就會變得厭煩，進而想要金盆洗手，而此時就是逃出的契機。

不斷進行鬥爭的阿修羅界（出處：「熊野觀心十界曼陀羅」日本兵庫縣立歷史博物館網站）。

當然，在這個時候天上界的靈會前來拯救，地上的子孫若是有著正確的信仰，亦會出現拯救之光，再加上天使們一同幫忙拯救。所以在這層意義上，祖先供養是很重要的。

但為了安全起見，就好比說有人從小船上掉到水裡，自己必須先想想自己能救起幾個人，這部分只要一計算就會知道了。假如是女性的話，當然就是「單憑一名女性的腕力，究竟可以拉起多少人？」此外，若是一口氣拉上來好幾個人，反而讓船翻覆沉沒了，眾人也無法得救。

所以得先知道自己有多少力量，若是感覺超過自己的能力，就得到支部去參加供養。若是覺得支部的力量還不夠，就可以到比較大的精舍參加祈願或供養，進而就會形成較大的「船」，變得更容易拯救。

所以各位必須知道，供養祖先有著以上這兩個面向。

最終，當事人若不反省前生，就無法回到天國

如果是任性的父母親老是說著「就是因為孩子不孝順，所以我才會變得不幸」，那麼就很難從地獄當中出來了。雖然有時親子之間的確會出現問題，但就像有著因果關係一般，最終的責任還是歸屬到父母親自己身上。

有人身處相同的立場，但其行動和想法就是不同，孩子不孝順，也成不了父母親必須墮入地獄的理由。即便孩子不孝順，父母親也能有自己的人生、想法，或許其中也有孩子的影響，但若是自己重建人生，還是可以返回天國的。

當然，透過供養儀式，妥善地進行供養是一件好事，但在進行供養的時候，還是必須要讓對方好好地知道因果法則，並且教導對方必須反省生前的行為，否則就無法上到天國。

如果感覺對方無法理解的話，那麼你就必須自己先實踐，做為祖先的參考典範，進而讓他們知道該怎麼做。身為子孫的自己實踐之後，對方就會明白該如何做，那些憑依於身上的靈也會開始進行反省。

所以，在進行祖先供養的宗教當中，若是有著把責任全都怪罪給他人的傾向的話，一不小心就有可能變為邪教。不可以說供養祖先是好事，所以就毫無防備。

如果祖先供養會助長祖先自我意識擴大的話，反倒會增加對方的惡。或者是會讓毫無關係的靈齊聚而來想要接受供養，這反而讓當事人更感到痛苦。因此，必須得先秤秤自己的力量。

必須具備能說出「你自己也能拯救自己」的力量

在這層意義上，佛教釋迦的話語的確非常的理性，他說了許多乍聽之下會覺得有點冷漠的話語，但若是沒有這冷酷的一面也是不行的。

光是濫情的話，就會有太多靈一口氣擠過來，到最後也是無法徹底拯救。

當然拯救是很重要的，但必須得讓當事人了解因果法則、自助努力的重要。必須要有力量能夠說出「你是能拯救自己」。

若沒有那般力量的話，不可能全部都靠他力拯救。如果不稍微有著這冷酷的一面，供養的一方就會有危險了。

在佛教當中常常提到自力與他力，當然覺悟的高低和出家人有多少的實際靈性體驗有關。

在《阿含經》中也有寫到，釋迦問人：「若把石頭丟入池子會浮起嗎？」人回答道：「當然會沉下去。」釋迦又問「若是將累積許多惡業的人，丟到池子裡應該也會沉下去吧！那如果祈願之後石頭會浮起來嗎？應該也不會浮起來吧！」

如此佛教教義聽起來很無情，但那是此人必須得付出的代價，那代價必須得好好清算才行。

為何宗教還要講述「自助努力」的教諭

這也就是地獄無法完全消失的原因。當有人脫離了地獄，就有新的人墮入了地獄。

原因就出自於世間有太多人抱持錯誤的人生態度，以錯誤的思想度過幾十年的人生，於是便不斷供給地獄新的人口。

即使有人從中回到了天國，卻又有人墮入了地獄。就像石頭的比重大於水一樣，一直往底下沉。那沉重的業，還是必須得自己解決才行。

也正因為如此，本會才會講述自助努力的教諭。

就國外的宗教來說，有人會認為「如此一來還需要宗教嗎？自己努力就好了，幹嘛還需要宗教呢」。

然而，如果能靠他力就全部拯救的話，那就不用述說自力的教義，但我知道有太多人接連著掉入地獄當中。

這些人是不可能全都簡單地靠他力拯救，之所以會墮入地獄，其原因在於自己，直到此人自己能察覺其原因，要予以拯救得花上不少時間。

所以，培養出能夠自己拯救自己的人是很重要的。兩方面的力量都需要，需要他力，但亦需要自力。

供養祖先屬於他力，但我沒說不需要。雖然需要，但是讓靈界的諸靈認識到自己是可以不要再做惡事的，這一點很重要。為此，學習佛法真理是非常重要的，只要學習好了，就能根據對方的根器，應機說法。

如果有宗教老是要人做祖先供養的話，就得要特別注意了。有可能這個宗教忽略了自負責任、因果關係的教義。

本會所述說的自助努力論的意義，希望各位能夠廣為傳佈。

Q5 如何應對苦於精神障礙之人

【提問】

針對面臨精神分裂症、多重人格、強度靈障等各種精神障礙對象之對應方式與應有的心態，望您指教提點。

現代醫學無法根除精神分裂症與多重人格

程度雖有不同，但都很棘手。說實話，真的有其困難之處。誠如稍早所述的例子，柱子的部分受白蟻侵蝕，進入腐壞的階段後，要想維持住屋子的安定形態極不容易，欲繼續維持此人的統一人格亦更顯困難，這真的是一道難題。

令人悲傷的事實，敗給人生的例子源源不絕。人在幾十年的人生當中，承受各式各樣的磨練或試煉，敗北離去而消失在浪潮間的人不間斷地出現。

現今的醫學亦努力研究「精神分裂症」、「多重人格」，但仍未有治本之策。

我想醫界基本上的應對有兩種，一是考量「怎麼做才能不為其他人帶來困擾」的隔離作法。二是為了多少抑制當事人精神混亂的程度，而施予鎮靜劑。

只不過，所謂的「多重人格」其實還有「使用方式」的問題。例如，我能接納各式各樣的靈，此時人格亦將隨之改變，實有多重人格的特質。然而就我的狀況來說，由於主控塔非常穩定，所以並沒什麼問題。

反過來說，若是主控塔的部分不夠穩固的話，人格恐被侵占，化為別的表人格。其後生活了一段時間，漸漸出現異常。或許乍看之下差距並不大，但是不同的地方肯定很多。

最近剛出版的《天理教開祖　中山美伎的靈言》（幸福科學出版發行）中也有提到，初始時，十柱神的神靈連續降到中山美伎身上，於是她時常突然以鏗鏘有力的男性聲調大聲說話。這自然很讓人恐懼。周圍的人認為「糟糕了」便把她關到倉庫裡，以現今的環境來看，等同於住院關禁閉。

但實際上那並非是惡魔或惡靈，而是高級靈。即便如此，若無法善加控制時，就一般人來看，便會認為是精神分裂症或多重人格的症狀。在靈性上，不分善惡，確實會有那般現象出現。

即便具備靈性能力，亦不可喪失實務能力與社會性

對應如此問題，就得運用佛教當中所說的，六大神通當中最後的「漏盡通」。

若僅是一味嚮往、追求神靈能力、靈性能力或超能力的話，有時就會過了頭。因此，即便具備高度的靈性能力，也仍需留意不可

喪失世間的判斷力、工作能力、實務能力等等。

這是為了穩固自身意識，非常重要的訓練。這方面的能力將成為平衡器，能避免人格的崩潰。

因此，我建議各位要好好地學習。譬如，各位當中或許會有人認為「每天記英文單字，這種事跟宗教有關係嗎？」

的確，英文似乎是一般社會人士，為了能在公司嶄露頭角進而才去學習。實際上，若是多少能進行這類學習，的確

以《黑帶英語》系列（大川隆法編著・宗教法人幸福科學出版發行）為首，目前已發行了為數不少的英語教科書。

六大神通力

佛教所說之六種超人之力。另作六神通。

天眼

靈視能力。能夠看出世間之人身上的後光及附身靈，甚至能透視到靈界，得知眾生的轉生狀態。

天耳

聽聞來自靈界之靈魂們聲音的能力。

他心

可讀心，可輕易瞭解他人心境的能力。

宿命

不僅能得知自己的將來，在讀取對象的想念帶後，亦能立刻得知他人的命運、宿命、前世。

神足

即所謂的幽體脫離肉體，肉體留在地上界，靈魂前往靈界或宇宙多方見聞，或與遙遠處的對象溝通。

漏盡

藉由高度智慧的力量，滅盡肉體煩惱的能力。雖具備著靈能力，又能同時以普通人的身分度日。

（參照《太陽之法》台灣幸福科學出版發行）

能發揮促使精神健全，恢復平衡的作用。

雖然方才我對於媒體做了一些批評，的確報紙、電視、廣播、週刊等，經常播放、刊載不入流的內容，但透過觀看世間所發生的新聞，知悉各種事物，即能夠了解到「做了何事，就會有何種結果」之因果法則。

例如，透過觀看電視新聞就可以瞭解到「『看到年幼小女孩覺得可愛，就把她載上自己的車，一起玩了一整天』這等行為會被視為犯罪，引發社會騷動」。如此一來，就能清楚哪些事能做、哪些事不能做的分界線。

反之，若是不知道這些準則，有人真的會這麼想「我從沒有想要對小女孩不利，只是覺得很可愛，想要開車帶她出去玩，自己完全沒有惡意」。

因此，藉由觀看那些正經的新聞，能夠維持自身某種程度的社會平衡。

從這層意義來看，即便是讀小說，最好也儘量涉獵不同題材或領域的內容。例如，若長期只看殺人事件的小說，有時就會開始研究不為人知的犯罪方法，或者是自己一個人住，就有可能在屋內貼些屍體的照片，人格難保不會變得偏頗。

為了不陷入這樣的狀況，每天一點點也好，要持續性地進行訓練，以維持實務性或社會性的部分。認識到「世間對於某事的看法為何」，這能使人格獲得平衡。

這相當於「漏盡通」的部分，若是過度使用神通力，將致使從世間當中游離而出，即會變得有些異常，為了避免如此狀況，務必要知曉漏盡通。

不可完全否定世間的事物，應從中截取有助益的部分，納入每日修行的課題，好讓自己不會發狂，這至關重要。

怠忽如此修行，變得太過於靈性，有其危險性。

為了維持正常人格，亦需要知道自身的極限

此外，即便是高級靈，有時亦有著足以破壞人格的能力，基本上仍需要小心。有時會出現超過當事人器量的情況，或者是高級靈誤判當事人器量的情況。就算是高級靈，想讓當事人做某方面的事，若是當事人靈魂的力量不足以應付時，就有可能會化為「泥船」沉沒。

因此，還是必須要具備「明辨自身極限」的能力。

再怎麼說，現今各位不是靈界之人，終究是世間之人，因此還是需要具備能於世間持續生活下去的智慧。而這智慧即是「明辨自身極限，該捨棄即捨棄」的能力。

清楚辨別「自己可以做到這個程度，再往上就辦不到了」，例如，「我能為家人負的責任只到這裡。身為父親或母親能負的責任只到這裡，再往前便有些勉強。」

身為母親的人，再怎麼投入於孩子的教育，結果仍受孩子本身的能力所限制，特定程度以上的部分無法強求。面對無法強求的部分，務必在世俗範圍內斷念捨棄。

如果不這麼做，卻反而認為「若此願望不能實現，那自己活著也沒意義」，那就太過於極端了，並且容易在靈性方面發生異狀。

在進入極度靈障的狀態時，在醫學上常常會被判定為疾病，這的確存在著臨界點（到達再也無法回頭的一點），務必在那之前，著手修正軌道。

若是變得太過於靈性，日常生活開始變得異常的話，那就不好了，必須在一般生活的部分，也就是一般人通用的部分掛上重錘，或者是為了家人，努力堅守世間某種原則。

修行越是有進展，就應該抱持謙虛繼續精進的態度

當能夠聽到靈的聲音時，一開始會覺得很稀奇，所以會想去聆聽各式各樣的聲音。但不久之後，其內容就會開始有所改變。靈會開始說出各種意見，其內容會逐漸有所不同，讓人難以察覺。一開

始會認為是「高級靈的聲音」，最初或許是，不過在那之後就漸漸出現替換。

好比現在《The Liberty》（幸福科學的時事評論雜誌）的總編輯正好坐在那邊（指向聽眾席），我們就假設《The Liberty》的總編輯聽得見來自天上界靈魂的聲音。

假設他聽到了「《The Liberty》是能夠拯救世界的雜誌。你的力量多寡決定了能否拯救世界」，於是他就想「嗯，原來如此。我也覺得是這樣」。「所以你需要更加努力，寫出好的文章，若是能啟蒙這個世界，那麼就能拯救世界了」，「原來如此，正是如此，這真的是天使所說的話」。

就這樣聽著聽著，經過大概一個月之後，開始聽到這樣的說法：「你的力量遠勝過朝日新聞或ＮＨＫ頻道。你的一個判斷就能具體影響世界」。他也覺得「嗯，是這樣沒錯」並表達認同。於是之後他就會開始出現有些偏頗的發言，變得越來越奇怪。

因此，主觀的看法與客觀的看法，兩方均有其必要。「其他的報紙或雜誌，在世間也有某種程度的影響力」，若是還能看見如此勢力分布的話，那還沒有問題。但如果變成像是一匹被蒙上眼睛，只看得到正前方奔馳的馬隻的話，那便失去了公平且客觀的看法。

簡單來說，就是必須要和世間修行程度有所吻合。

當然，閉關一段特定的時間，提升靈感或精神性的修行方法也是

《The Liberty》雜誌（幸福科學出版發行）報導關於日本國內外政治、經濟、教育等嚴選資訊的月刊雜誌。

有的。世間有很多流派，若是藉由一定方式所確立的修行內容的話，那就不需要太過於擔心。此外，若是有著優秀靈魂的人，想必具備著能熬過那孤獨時光的力量。只不過凡人大抵都耐不住孤獨，期間會接收到許多惡魔的囁語。

例如，據說千日回峰行的時候，常常會有人遇到「半夜走在山裡，開始聽到很多聲音，眼前出現『魔境』」的情形。在那樣的情況下，想必很容易被各種靈魂附身。其他例如，斷食、斷水的修行，也會出現各式各樣的幻覺。因為會出現很多魔境，這部分的確有其困難之處（參照《引渡日本天台宗大阿闍梨酒井雄哉回到來世》幸福科學出版發行）。

能否擁有靈性能力，每個人或遲或早，所以無法判斷。其可能性確實是有的，但即便打開了靈性能力，不可莫名地感到高興，仍需要有與其相符的修行。

換言之，若是將靈性能力比喻成為了調查海底所需要的重錘，需要它才能潛入深處，然而為了能夠浮上海面，仍需要抱持著相當的浮力才行，這方面的修行著實有其必要。

因此，修行越是有進展，就應該抱持謙虛繼續精進的態度。

抱持「公共心」，抑制自身的自尊心

此外，在本會當中也會發生這種情形，當規模越變越大的時候，常常會出現自己的能力難以承擔大任的情形。此時，若是此人的自我或利己心很強，遇到了對自己不利的事情之時，就會感覺到周遭人們在做惡事。

這個時候重要的心態是「公共心」。那是一種「若是把自己放在一邊，進而能讓整體順暢地運行、組織的工作順利進展的話，那即是一件好事」的心境。

如此心境至關重要。內心稍微有些空隙，惡魔就會趁隙而入，若是沒有那般心境，很容易就會遭受攻擊。

現今本會的職員當中，也開始出現擁有靈性能力的人。的確偶爾出現了靈性能力，在特定的時期恰好能發揮其用處。然而當教團的大小擴展到世界規模時，營運就會變得更為沉重，此時，明確地說，世間的力量亦非常需要。若是沒有具備足以通用於世間的公司或公家機關的工作能力的話，那麼教團就會變得難以營運下去。

如此一來就會出現另一個問題，當開啟了靈能力之後，或許就會有人做不來營運方面的工作。從組織的角度來說，對於這樣的人，要不就是安置於專門職位，要不就是在此人能夠忍受的範圍內賦予工作。但是，若是此時當事人的自尊心不能接受的話，就會可能說出「惡魔入侵了教團」之類的話。

實際上，因為如此因素而辭職之人，大多具有這類傾向。雖然初期在教團十分活躍，但之後卻因此辭職，或是惹事生非之人，大部分都是這類傾向。

因此，在家中樹立起足以撐起「自我的房子」的柱子固然重要，但若是太過於堅硬的話，足以改變自己的力量就會消失。

綜上所述，另一個要點便是有著公共心，抱持著「若是教團能朝向為最大多數的人謀求最大幸福，即是一件好事」的心態。

避免被惡魔鎖定攻擊所需之組織防衛策略

本會從過去做為宗教活動至今，近年亦開始推動教育、政黨、電影製作等各種嶄新的事業。

對於教團當中的人來說，每每涉足新的領域時，或許會感到教團有所改變。若是此人認為「教團開始做些奇怪的事」，進而無法切換自身的想法，過度保護自己至今想法的話，心會離教團越來越遠，站到批判的那一邊。此時內心稍有縫隙，惡魔便會侵入。

舉例來說，在過去某人具備著靈能力，並賦予了一定程度的職責，卻因為無法理解教團的作法進而開始惹事生非，此時就有可能會被更有分量的惡魔入侵。

正因為會出現這種情形，所以即便本會的職員有著非常值得同情的一面，本教團仍採取著跟一般世間組織不同的方針。也就是說，本會是非常靈活的組織。若不這麼做的話，就容易被惡魔狙擊。

前陣子我在北海道做了略為失禮的發言，我想本會的理事長或許多少會感到受傷。當時我說了類似「理事長這等職位，誰都可以辦到」的話，這的確非常失禮。即便其後我補充說「可從幾位特選人士當中，選出擔任理事長的職位」，但仍不改失禮的事實。（此指二〇一四年七月十七日，於北海道正心館講述法話「正確接收天意之法」期間的發言）。

幾天之後，教團舉行了全世界傳道交流會（幸福科學全世界支部長資訊交流會）。當天的中午時分，感覺到有什麼「來襲」，我心想「是惡靈來了嗎？」並試著探問「是（理事長）〇〇先生的守護靈對吧？」獲得了「正是如此」的回答。我想那是他在交流會登台講話之前所發生的事。其守護靈前來跟我說：「您對我是否有任何不滿？」

從世間的角度來說，那或許是一種非常失禮、不給人面子的說法，不過若是當事人能調整心態認為「的確理事長誰都辦得到」，就不會被惡魔鎖定目標。若是認為只有某個人才能擔任理事長的話，那麼就真的會被攻擊。

這類事情，在過去曾發生過好幾次，理事長以外職位的人也發生過。

例如，在過去教團的編輯部只有一個，總編輯也只有一個人的時候，惡魔就曾經附身於總編輯身上（教團創立初期之事）。當時一定要經過此人，我的書才得以問世，於是盧西弗便進入了他的身體。

除此之外，幸福科學出版社的社長亦曾受到盧西弗的侵襲（教團創立初期之事）。

簡單地說，若是形成「只要鎖定這個人，就有機會全部破壞、毀滅」的狀況，此人就會被狙擊，於是就會常常被攻擊。

基於如此情形，每一個職位，我經常準備好幾個人選，若是有意外狀況發生時，即能隨時調動。採取如此策略之後，從教團當中消失的人就逐漸變少。

對於幹部等級的人來說，或許多少有些傷害自尊，然而此為組織防衛上的考量。

釋迦同時具備靈能力與世俗的能力

關於提問中所問到的是「精神分裂症」及「多重人格」的對應方式。

成為靈能者的情形和變成靈障者的情形，這兩者都會出現相同的現象，人們要判斷其善惡或者是正當與否，就只能透過此人的判斷能力、行動能力、工作能力等來進行判斷。

組織能正當營運，或者在實務上的判斷有其正當性的話，那就沒有問題。但若是開始變得不穩定時，就不得不視為那是起因於靈性的影響。

那麼要如何避免那種情形發生呢？那就是必須持續努力磨練世俗世界的能力。

現在坐在《The Liberty》總編輯的後面，負責法律業務的律師職員，只拿《The Liberty》總編輯來比喻有點過意不去，就順便用另一位來舉個例子吧！

身為本會職員又是律師，若是覺得「我是宗教教團的律師，自然也是世界第一的律師」倒也無所謂，但是如果他這麼認為「我是律師，而且還被授予『摩西的十戒』，現在從天上降下了『新的律法』，上天跟我說『你是新的摩西，要廣布這十戒』，除此之外的法律若與其牴觸就不對」，那麼就會讓人感到奇怪了。

就像這樣，若是想法太過於跳躍的話，就會讓人覺得異常，終究此人還是必須具備世間的判斷能力，以及理解他人之判斷的能力。

在這層意義上，致力於提升世俗能力的同時，靈性的覺醒亦提升至某種程度，這樣的方向還是比較理想的。

釋尊出家之後閉關山中，他雖然具備著靈性能力，亦能夠和靈界當中的靈對話，然而之後在創立教團的時候，想必也需要世間的實務能力。

教團當中會產生不少紛爭，那個時候他也必須具備如同法官般的仲裁能力。此外，當教團規模擴大後，還會成為國王的政治顧問，接受國王諮詢並給予建議。

因此我們可以說，釋尊在世間的能力方面，亦隨著教團規模而有所成長。

所以依照正確的步驟精進是很重要的。

「不失去謙虛之心，一步一腳印地踏實努力，一方面以在世間當中成為可以信賴之人為目標，另一方面若是有靈性感受，亦予以一部分活用」，在抱持如此想法的同時，做為擊退惡靈的導師，應該即會出現相對應的力量。

「這個人的內在完全是『空蕩蕩』的，在擊退惡靈上應該很有效」，如此說法未必是正確的。

「這個人是個徹底的空殼，什麼都沒有。簡直是個『空袋子』，所以在擊退惡靈時，天上界的靈會直接進入此人身上，將眼前惡靈趕走。力道會非常的強，一定有效」，或許也有如此說法，但空殼之人有時也有無法信賴之處，在萬一之時，還是很危險的。若是被別的靈性存在進到那空殼裡，那就很恐怖了。

終究來說，即便沒有靈性方面的協助，做為一個獨立的個人，能夠進行正確的判斷，並且能夠像是學校的老師一般，具有著內涵足以對人們進行指導，這是很重要的。

抱持冷靜觀察的力量，鞏固「對自己的守備」

此外，人格徹底毀壞，完全迷失的人，很遺憾地，或許只剩重新輪迴轉世的方法。「再繼續下去就回不來了，無法回頭」，如此臨界點是存在的。

電影《永遠的0》裡面也有這樣一幕。

岡田准一先生所飾演的主角宮部久藏，在攻擊行動開始之前，利用指南針在地圖上測量距離後表示：「從拉包爾起飛，轟炸瓜達康納爾島，以零式戰機的續航距離來計算，能夠進行空中對戰的時間只有十分鐘。若是與敵人在空中互咬的話就麻煩了。要在十分鐘內結束作戰並回頭，沒有那麼簡單。戰事一開始，不管十分鐘還是一小時都得戰下去，接著就會在回程途中落海，所以這次的作

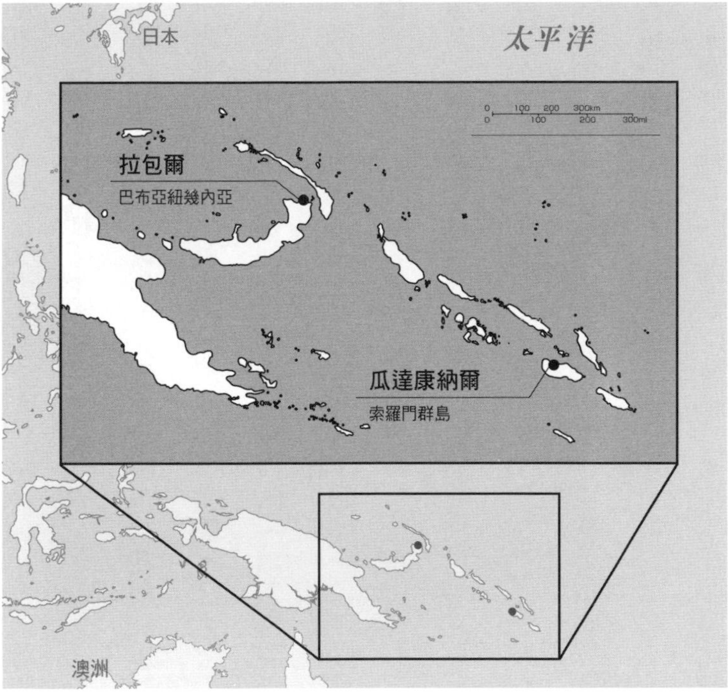

拉包爾至瓜達康納爾島約有一千公里。零式戰機的單程飛行時間為三小時以上。

戰不可行。」結果被上級長官怒罵道：「你說的是什麼話！還沒開打就說會輸，像什麼樣子！」

在電影裡的確有這段情節，靈性當中也存在著「以續航距離來計算，再飛下去的話，就會回不來」的某一點。

我們每一個人於靈性世界中亦有各自的「續航距離」。同一個地點，有人到了可以回頭，有人到了便回不來，如此距離感務必要冷靜觀察。

雖然有些人的靈體離開肉體，前往其他行星之後，還能夠順利回來（參照《守護地球之「宇宙聯盟」為何》幸福科學出版發行）。然而，若每個人都爭相倣傚的話，人格變得奇怪之人的比率一定也會增加。

「來回於其他行星之間」，這種事還是不要做還比較幸福。即便是幽體脫離肉體，我想最多「到達房間天花板左右的高度」就差不多了。鞏固「對自己的守備」，我想這是需要的。

Q6 麥可・傑克森死後的去處

【提問】

想請教有關人死後之去處的問題。

最近麥可・傑克森過世，引發不小的話題。他在全世界的知名度極高，亦有無數的支持者。另一方面，私生活的狀況似乎非常不得了，能否告訴我們，他死後是去了什麼樣的地方？

麥可．傑克森回到了藝術家系統的光明世界

這的確是很具媒體性質的提問，似乎可以刊在《The Liberty》當中。

每個人的內在，他人是無法可以輕易瞭解的。即便是很有名的人，內在的心態也是各式各樣，死後的去處亦各有不同。

譬如，黛安娜王妃死後是什麼樣的狀態，相信人們一定都很好奇吧！

名人方面，以往曾經提過李小龍，他在動作電影裡展現中國功夫，是為世界級的演員，不過許多人認為他「死後墮入了地獄」，這是因為他的幽靈出現時總伴隨著惡臭，因此被傳為「肯定墮入地獄了」。

雖然不能說「功夫本身不好」，然而他所演出的電影，內容頗為暴力，如果他僅是具有著和暴力的波長相同的意識，死後的確會墮入地獄。但要是他在其他部分的精神性具備足夠的高度，死後的去處就會有所不同。

那麼，提問者所問到的「麥可・傑克森死後的去處」，我還沒有調查過，現在就來看看吧！

（約二十秒鐘的沉默）

這個人基本上是沒問題的，從「顫慄」等音樂錄影帶的影像來看，或許會覺得可疑。不過他在為人帶來喜悅這方面，確實是功不可沒的。

除此之外，他似乎對於自己身為黑人一事感到自卑，但是實際上他達成「以黑人出身成為國際巨星」之成就，可謂為黑人世界之光。

因此，如今他正在前往音樂與藝術家系統之神明的世界。若要問他走到多遠了，以富士山登頂路程來比喻，大約已走到八合目左右了吧！

靈界當中存在著音樂家、藝術家的世界，其中又分成各式各樣的等級，而麥可·傑克森應該是屬於相當高段的世界。他表演的是現代音樂，無法與往昔的音樂進行比較，若問等級程度的話……。

（約十秒鐘的沉默）

我想是非常接近於最高等級。

若以《黃金之法》裡出現的人，或是靈言集《大川隆法靈言全集》（宗教法人幸福科學發行）裡收錄的對象來說，似乎他回到的世界是畢卡索、貝多芬、莫札特所在的世界※。

那是因為他除了音樂之外，麥可・傑克森還有成為「黑人之光」這道重要功績。

提到黑人，美國總統歐巴馬也是黑人，我對於他能否以政治家之姿有所大成感到懷疑。他的靈魂具備強烈的悲劇傾向，從機率上來說，他成為悲劇總統的可能性頗高。

這仍不改他仍屬於某種「光明」之事實，雖然是略為地域性色調的光明，但我想此人依然算是一種光明。

光明天使亦需面對相對應的「靈魂試煉」

談到光明天使的系統，從世俗的角度來看，不一定是百分之百的成功。

譬如，假設光明天使，以及非天使的人，各自擔任不同大型企業的老闆，哪一方能創造更好的成績，其實沒有肯定答案。天使擔任老闆的公司同樣可能出現赤字。經營公司時，有時候人也不能太好，同時也需要特定程度的專門知識與技術。

政治家的情況亦同。在現代，擔任政治家仍需要特定程度的力量、技術、知識。

因此，未必能說光明天使就一定會成功。

實際上，歷史上就出現過不少被暗殺的光明天使。想必有不少人難掩疑問，「為什麼神沒有保護坂本龍馬？」「為何西鄉隆盛非得遭遇那等死法？」

只不過，微觀部分的修為、個人靈魂修行的問題，抑或是以人

※ 畢卡索、貝多芬、莫札特所在的世界　畢卡索回到了菩薩界上上階段的梵天界，莫札特則是菩薩界，貝多芬則屬於菩薩界下層階段的地方。（參照《黃金之法》第一章）

的立場所做出判斷，這些責任是必須要自行承擔的。

至於西鄉隆盛，雖然他抱持著「想拯救士族」的心念，但在「從世界潮流來看，該如何思考」這點上判斷錯誤，這部分自然有其責任。目前他已返回天上界，不過他本人清楚地表示「自己反省了一段時間」（參照《大川隆法靈言全集　第12卷》宗教法人幸福科學發行）。

也就是說，縱然是光明天使，也有可能會需要經歷一段反省的時期。

可以確定的是，麥可．傑克森前往的是光明世界。生前成為那般程度的名人，晚年遭受許多來自周圍的嫉妒，甚至牽連到一些事件，然而，正面與負面兩相比較衡量之後，生前他給予他人夢想及希望的部分，還是較有分量。

從世間的角度來看，黛安娜王妃亦不乏「脫軌」之處，確實有些引人責備的地方，但由於受到全世界許多人的愛戴，最終她還是回到了光明的世界。

而德蕾莎修女，生前也曾因為收下了來自透過詐欺累積財富之公司的鉅額捐款，而受到媒體撻伐，一度陷入絕境。

就像這樣，身為光明天使不代表就不會經歷任何事故、不犯大錯度過一生。沒有那麼輕鬆的，天使依然會遇上相對應的「靈魂試煉」。

總之，麥可・傑克森回到了光明世界，靈魂屬於高段等級藝術家系統當中的一人。

後記

我自從一九八一年三月大悟，踏上神秘之道後，至今已差不多經過三十三、四年的時光。若是連驅逐惡魔、驅逐惡靈、驅逐生靈的次數都包含在內的話，我的驅魔師體驗少說也超過五千次。雖然曾遭遇棘手的對象，卻從來沒有敗過一次。

然而也有幾次，由於被惡魔附身之人的靈魂太過於傾倒於惡魔那一邊，導致當事人被拉到另一方的世界。此外，超過一千年、兩千年的惡魔，很容易聚集大量來自地獄人們的信仰心，著實難纏，縱然成功驅逐，但想使其回到天上界大多不是那麼簡單。

免於惡靈侵擾的基本方法，即是不要與其靠近、不要與其有緣，讓己心符合天上界的波動。重要的是，了解到人生的諸多挫折，是讓自己覺悟得以昇華的契機，絕對不可放棄信仰心。

讀者可將本書視為講述靈性現象論的著作。僅靠佛法真理的理論書，想必有其難懂之處，因此希望透過本書，能幫助世人覺醒於靈性世界的存在。

另一個世界當中，存在著神、佛、如來、菩薩、天使、天狗、仙人，同時亦存在著惡魔、魔王、惡靈。透過認識到這般不可思議，即能讓人們感覺到擁有正確信仰的重要性，亦能教導人們宗教入門的意義。

衷心祈望本著作能成為拯救你脫離痛苦世界的一本書。

幸福科學集團創立者兼總裁　大川隆法

國家圖書館出版品預行編目（CIP）資料

驅魔師入門：最強驅魔法典／大川隆法作；幸福科學經典翻譯小組翻譯 . -- 初版 . -- 臺北市：台灣幸福科學出版，2020.09
192 面；14.8×21 公分
譯自：エクソシスト概論、エクソシスト入門
ISBN 978-986-99342-0-6（精裝）

1. 通靈術　2. 靈界

296　　109010424

驅魔師入門

最強驅魔法典

エクソシスト概論、エクソシスト入門

作　　者／大川隆法
翻　　譯／幸福科學經典翻譯小組
主　　編／簡孟羽、洪季楨
封面設計／Lee
內文設計／黛安娜

出版發行／台灣幸福科學出版有限公司
104-029 台北市中山區中山北路三段 49 號 7 樓之 4
電話／02-2586-3390　傳真／02-2595-4250
客服信箱／info@irhpress.tw
法律顧問：第一法律事務所　余淑杏律師

總 經 銷／旭昇圖書有限公司
235-026 新北市中和區中山路二段 352 號 2 樓
電話／02-2245-1480　傳真／02-2245-1479

幸福科學華語圈各國聯絡處／
台　　灣　taiwan@happy-science.org
地址：台北市松山區敦化北路 155 巷 89 號（台灣代表處）
電話：02-2719-9377
官網：http://www.happysciencetw.org/zh-han

香　　港　hongkong@happy-science.org
新 加 坡　singapore@happy-science.org
馬來西亞　malaysia@happy-science.org

書　　號／978-986-99342-0-6
初　　版／2020 年 9 月初版一刷
定　　價／360 元

Originally published in Japan as
'*Exorcist Nyumon*' & '*Exorcist Gairon*'
by IRH Press Co., Ltd. Tokyo Japan

廣告回信
台北郵局登記證
台北廣字第5433號
平信

IRH Press Taiwan Co., Ltd.
台灣幸福科學出版有限公司

104-029 台北市中山區中山北路三段49號7樓之4
台灣幸福科學出版　編輯部　收

請沿此線撕下對折後寄回或傳真，謝謝您寶貴的意見！

驅魔師入門

最強驅魔法典

大川隆法
Ryuho Okawa

台灣幸福科學出版有限公司

驅魔師入門
讀者專用回函

非常感謝您購買《驅魔師入門》一書，
敬請回答下列問題，我們將不定期舉辦抽獎，
中獎者將致贈本公司出版的書籍刊物等禮物！

讀者個人資料　　**※本個資僅供公司內部讀者資料建檔使用，敬請放心。**

1. 姓名：　　　　　　　性別：□男　□女
2. 出生年月日：西元　　　年　　　月　　　日
3. 聯絡電話：
4. 電子信箱：
5. 通訊地址：□□□-□□
6. 學歷：□國小 □國中 □高中／職 □五專 □二／四技 □大學 □研究所 □其他
7. 職業：□學生 □軍 □公 □教 □工 □商 □自由業□資訊 □服務 □傳播 □出版 □金融 □其他
8. 您所購書的地點及店名：
9. 是否願意收到新書資訊：□願意　□不願意

購書資訊：

1. 您從何處得知本書的訊息：（可複選）□網路書店　□逛書局時看到新書　□雜誌介紹
   □廣告宣傳　□親友推薦　□幸福科學的其他出版品　□其他
2. 購買本書的原因：（可複選）□喜歡本書的主題　□喜歡封面及簡介　□廣告宣傳
   □親友推薦　□是作者的忠實讀者　□其他
3. 本書售價：□很貴　□合理　□便宜　□其他
4. 本書內容：□豐富　□普通　□還需加強　□其他
5. 對本書的建議及觀後感
6. 您對本公司的期望、建議…等等，都請寫下來。

IRH Press Taiwan Co., Ltd.
台灣幸福科學出版有限公司